DROIT PUBLIC

Assistance. — La Déclaration des droits de l'homme pose en principe que la société doit la subsistance aux citoyens malheureux, soit en leur procurant du travail, soit en assurant les moyens de subsister à ceux qui sont hors d'état de travailler.

I. Assistance aux aliénés. — La loi du 30 juin 1838, sur le traitement et la condition des aliénés :

1° Provoque la création d'établissements spéciaux et en règle le fonctionnement. Il y a deux sortes de maisons de fous : les asiles privés et les asiles publics.

Les maisons de santé privées sont soumises à des règlements spéciaux et à une surveillance active de la part de l'autorité.

Elles ne peuvent se fonder sans autorisation, et leurs directeurs sont astreints au dépôt d'un cautionnement.

Les asiles publics sont payants pour les aliénés riches, gratuits pour les indigents.

Chaque département doit avoir un asile public ou traiter avec un asile privé.

La loi du 30 juin 1838 met la dépense à la charge des départements, sans préjudice du concours de la commune du domicile de l'aliéné, d'après les bases réglées par le Conseil général. La charge mise au compte des communes par décision des Conseils généraux est obligatoire en vertu de la loi du 5 avril 1884.

Toute personne, même non parente, peut demander l'internement d'un aliéné.

L'internement d'office est effectué par ordre du préfet de police à Paris, par ordre des préfets dans les départements.

L'arrêté doit être motivé. Il faut qu'il y ait danger public et l'on doit aviser le procureur de la République de tout placement volontaire ou forcé.

II. Assistance aux indigents. — Il peut être créé un *Bureau de bienfaisance* dans chaque commune. Il a la personnalité civile. Il est la représentation même des pauvres. Léguer ou donner « aux pauvres », c'est léguer ou donner au bureau de bienfaisance.

En dehors des dons et legs qu'il reçoit, le bureau a pour ressources une taxe qui s'appelle le *droit des pauvres*.

Le Bureau de bienfaisance est administré par une *Commission administrative* de sept membres (le maire, deux membres élus par le Conseil municipal, quatre membres nommés par le Préfet), avec le concours d'un receveur nommé par le préfet.

En principe, ce sont les bureaux de bienfaisance qui acceptent ou refusent les legs faits aux pauvres sans charge, ni condition.

La condition exigée pour être secouru est d'avoir dans la commune son domicile de secours. Il se détermine par la filiation, par mariage pour les femmes, par résidence d'une année pour les majeurs. Il faut, en outre, être inscrit sur les listes du bureau de bienfaisance.

III. Assistance aux malades. — Aux termes de la loi du 15 juillet 1893, l'assistance aux indigents malades doit être fournie par la commune.

L'organisation des secours doit être prévue et administrée par le département.

Les frais en doivent être faits principalement par la commune, subsidiairement par le département, subsidiairement encore par l'Etat.

Il est institué dans chaque commune un bureau d'assistance. Son rôle essentiel consiste à dresser et à tenir au courant la liste des gens remplissant les conditions exigées pour être secourus.

Le domicile de secours pour l'assistance médicale gratuite est acquis par un an de résidence.

Les soins à domicile sont donnés par les médecins désignés par le Conseil général et rémunérés sur les fonds du bureau d'assistance.

Les secours hospitaliers se donnent dans les communes pourvues d'hôpitaux. Les communes qui n'ont pas d'hôpitaux sont rattachées à un ou plusieurs hôpitaux voisins.

Le 12 janvier 1912, un avis du Conseil d'Etat s'est prononcé en faveur de la création libre d'un hôpital. Naturellement, les hôpitaux privés, créés sans autorisation, n'ont pas la personnalité morale, sous réserve de l'application de la loi de 1901 sur les associations.

Quant aux hôpitaux ou hospices publics, en 1871 on a placé au nombre des délibérations définitives des Conseils généraux celles qui décident de la création d'établissements départementaux d'assistance publique.

L'administration intérieure des hospices et hôpitaux est confiée à une *Commission administrative*, composée du maire, président, de deux administrateurs élus par le Conseil municipal, de quatre administrateurs, dont un médecin, nommés par le préfet.

Les ressources des hôpitaux et hospices sont principalement constituées par leur patrimoine acquis antérieurement à la Révolution. Ce patrimoine s'augmente des dons et legs, des subventions, d'une part du droit des pauvres.

IV. Assistance aux vieillards, infirmes et incurables (L. 14 juillet 1905). — L'assistance est principalement fournie par la commune où le postulant a son domicile de secours, lequel est acquis par une résidence de cinq ans. A défaut de domicile de secours dans la commune, l'assistance est fournie par le département ; à défaut, par l'Etat.

Pour avoir droit au secours, il faut être français, incapable de travailler, sans ressources, incurable ou âgé de 70 ans, adresser une demande écrite au maire de la commune de sa résidence.

Chaque année, avant la première session du Conseil municipal, le bureau d'assistance dresse la liste des demandes susceptibles d'être accueillies.

Une expédition de cette liste est remise au Conseil municipal, une autre au préfet. Le Conseil municipal, en comité secret, prononce les admissions pour les postulants qui ont leur domicile de secours dans la commune. La liste par lui dressée est déposée à la mairie et l'avis de ce dépôt est affiché.

Le vieillard à secourir est hospitalisé ou pensionné. La pension varie entre cinq et trente francs par mois. Depuis 1918, l'Etat accorde une majoration de 10 francs par mois.

Les frais de ces secours sont principalement à la charge des communes. Elles y subviennent : 1° avec les fonds provenant de libéralités faites avec cette destination spéciale ; 2° avec les ressources que les hospices ou bureaux de bienfaisance consentiront à affecter à cet objet ; 3° avec leurs ressources ordinaires ; 4° subsidiairement, avec des taxes extraordinaires et des subventions des départements et de l'Etat.

Les départements ont à pourvoir aux subventions des communes surchargées et aux frais de secours des vieillards sans domicile communal. L'Etat vient au secours des départements.

Les questions relatives au domicile de secours sont tranchées par le Conseil de préfecture du département où l'assisté réside. Les recours de l'administration contre les assistés sont portés devant les tribunaux judiciaires.

Assurances sociales. — Ces différents modes d'assistance ont été depuis longtemps jugés insuffisants, et une loi du 5 avril 1928 a institué un système à peu près complet d'assurances sociales. Cette loi, profondément modifiée et remaniée par deux lois du 5 août 1929 et du 30 avril 1930, a dû être mise en application à partir du 1er juillet 1930.

Voici les dispositions essentielles et les caractéristiques de cette loi :

Risques garantis. — La loi a pour objet de garantir les travailleurs contre les risques de *maladie*, invalidité prématurée, vieillesse, décès, et elle comporte une participation, dans certaines conditions déterminées aux charges de famille et de maternité.

Bénéficiaires de la loi. — Il y a deux sortes de bénéficiaires :

a) Des assurés obligatoires, qui sont tous les salariés du commerce, de l'industrie et des professions libérales, y compris les domestiques attachés à la personne, à condition que leur salaire reste dans certaines limites fixées par la loi (maximum de 25.000 fr.) ;

b) Des assurés facultatifs, qui sont tous les Français qui, sans être salariés, tirent de leur travail, leurs ressources ordinaires : fermiers, métayers, artisans, petits patrons, etc., à condition que le produit de leur travail ne dépasse pas, annuellement, les chiffres limites fixés pour le salaire des assurés obligatoires.

Voies et moyens. — Les avantages prévus par la loi sont constitués grâce à des versements pour moitié à la charge de l'assuré et pour moitié à la charge de l'employeur.

Cette cotisation varie de 12 francs par mois (dont moitié à la charge de l'assuré et moitié à la charge de l'employeur) pour les salariés gagnant moins de 2.400 francs par an, à 80 francs, pour les salariés qui gagnent plus de 9.600 francs par an.

La cotisation est acquittée par l'employeur, au moyen de timbres apposés sur une carte délivrée à chaque assuré. Le versement de l'assuré est retenu par l'employeur sur son salaire.

Régime spécial aux assurés agricoles. — La cotisation est moindre que celle des autres assurés ; elle est différente pour l'assurance-vieillesse et pour l'assurance-maladie.

Avantages résultant de la loi. — L'assurance-maladie comporte des soins en nature : frais de médecin, de médicaments et d'appareils, d'hospitalisation ; et des indemnités journalières, qui compensent la perte des salaires.

Ces soins et indemnités sont assurés, pendant six mois.

Au bout de six mois, l'assuré, s'il n'est pas guéri, est soumis à une visite médicale.

S'il est reconnu que la capacité de travail de l'assuré est réduite des deux tiers, il reçoit encore pendant cinq ans, des soins et une pension temporaire qui peut être de 40 0/0 du salaire si l'invalide a été immatriculé avant trente ans.

Elle peut être abaissée jusqu'à 600 francs selon un tarif dégressif si l'invalide a été immatriculé après trente ans, et proportionnellement à ses années de versement.

La pension devient définitive, les cinq ans écoulés, s'il est reconnu, par une nouvelle visite médicale, que la capacité de travail de l'assuré reste réduite des deux tiers.

L'assurance-vieillesse garantit, en principe, à soixante ans, une pension égale à 40 0/0 de son salaire moyen à l'assuré qui a été immatriculé avant trente ans.

L'assurance-décès garantit à la veuve ou aux ayants droit de l'assuré décédé une indemnité, une fois versée, de 20 0/0 du salaire moyen annuel de l'assuré, indemnité qui ne peut être inférieure à 1.000 francs.

Charges de famille. — En dehors de ces avantages, les assurés chargés de famille ou leurs ayants droit reçoivent :

a) Une majoration journalière de 1 franc par enfant de moins de seize ans, en cas de maladie ;

b) Une majoration annuelle de la pension de 100 francs par enfant, en cas d'invalidité ;

c) Une majoration de 100 francs par enfant de l'indemnité en cas de décès.

Les orphelins reçoivent également des pensions annuelles qui ne peuvent être inférieures à 120 francs par orphelin.

Assistance publique à Paris. L'assistance, à Paris, est soumise à des règlements particuliers.

Cette administration concentre tout à la fois le service des secours à domicile, c'est-à-dire les bureaux de bienfaisance, et les secours hospitaliers. Elle est également chargée des services d'assistance qui incombent au département de la Seine.

Le directeur de l'assistance publique de Paris, nommé par le ministre de l'intérieur, est assisté par un conseil de surveillance. Il représente les pauvres en justice ; il prépare les budgets, ordonnance les dépenses.

Les bureaux de bienfaisance parisiens, à raison de un par arrondissement, sont administrés par des commissions composées du maire de l'arrondissement, président, des adjoints, membres de droit, des conseillers municipaux de l'arrondissement, de quatre administrateurs au moins par quartier, d'un secrétaire trésorier.

Quant aux hospices et aux hôpitaux, chacun d'eux est administré par un directeur. Ils n'ont pas de commission administrative et ne jouissent pas individuellement de la personnalité morale.

La loi du 15 juillet 1893, sur l'assistance médicale gratuite, n'est pas applicable au département de la Seine.

L'assistance aux vieillards a reçu, à Paris, une organisation particulière.

Autorité judiciaire, troisième pouvoir. — Un troisième pouvoir également indépendant de l'exécutif et du législatif, le pouvoir judiciaire, existe-t-il ? La question n'a pas d'intérêt pratique. Qu'en théorie on élève le pouvoir judiciaire au rang de troisième pouvoir de l'Etat, il n'en sera, pratiquement, pas plus indépendant, ni à l'égard du pouvoir législatif, ni à l'égard du pouvoir exécutif.

Il ne sera pas plus indépendant du pouvoir législatif, puisque celui-ci ne peut pas empiéter sur l'exécutif dont l'autorité judiciaire ferait au moins partie ; et il ne sera pas plus indépendant du pouvoir exécutif, puisque le rôle des juges étant de déterminer, dans un conflit, qui doit avoir raison, on ne conçoit pas comment une autorité quelconque pourrait leur dicter leurs sentences sans les faire sortir de leur rôle.

Faire les lois, les faire exécuter, paraissent deux termes entre lesquels ou à côté desquels il n'y a pas de place à prendre. Cet acte particulier « interpréter la loi en cas de conflit » fait nécessairement partie de cet acte général « faire exécuter la loi ».

Cela est d'autant plus vrai dans nos régimes modernes que l'autorité judiciaire est spécialement dépourvue du droit de donner aux lois des interprétations générales ayant la valeur de règles, comme autrefois les Parlements, au moyen des arrêts de règlement.

La justice, aujourd'hui, n'a le pouvoir d'intervenir et de prendre une décision qu'à l'occasion d'une espèce qui lui est soumise et seulement pour cette espèce. Ce n'est que pour une application précise qu'elle remplit sa fonction. Elle contribue ainsi à cette application ; son action est une partie de l'exécution. L'autorité judiciaire est donc une branche du pouvoir exécutif.

Conflit. — Le conflit est une des sanctions de la règle de la séparation des autorités administrative et judiciaire.

Une première sanction se trouve dans l'annulation des actes, prononcée par la Cour de cassation, s'il y a eu empiètement de l'autorité judiciaire sur l'autorité administrative ; par le Conseil d'Etat, si c'est l'autorité administrative qui a empiété sur l'autorité judiciaire.

Une deuxième sanction se trouve dans l'article 127 du Code pénal, qui déclare coupables de forfaiture les magistrats de l'ordre judiciaire convaincus d'avoir volontairement excédé leurs pouvoirs et empiété sur l'autorité administrative.

La troisième sanction consiste dans l'organisation d'un arbitrage spécial pour trancher les conflits de compétence entre les deux autorités.

Il y a *conflit de juridiction* si les deux autorités sont du même ordre.

Il y a *conflit d'attribution* si le conflit s'élève entre tribunaux d'ordres différents.

Le conflit est *positif* si les deux tribunaux se déclarent ensemble compétents.

Le conflit est *négatif* si les deux tribunaux se déclarent respectivement incompétents.

Le conflit de juridiction est réglé par le tribunal supérieur du même ordre. Entre deux tribunaux de l'ordre judiciaire, le conflit donne lieu à un règlement de juges. En matière administrative, il est réglé par le Conseil d'Etat.

Le conflit d'attribution est réglé par le tribunal des conflits, composé de trois conseillers à la Cour de cassation et de trois conseillers d'Etat nommés, les uns et les autres, par leurs collègues, et de deux membres élus par les juges précédents. Les fonctions du ministère public sont remplies par deux commissaires du gouvernement, et deux suppléants nommés par le Président de la République et choisis moitié parmi les avocats généraux de la Cour de cassation et moitié parmi les maîtres des requêtes du Conseil d'Etat.

Droits individuels. — Ce sont :

1º La liberté individuelle proprement dite, c'est-à-dire la garantie contre les arrestations, emprisonnements et pénalités arbitraires.

2º La propriété individuelle. La propriété étant un droit inviolable et sacré, nul ne peut en être privé, si ce n'est lorsque l'utilité publique (la Déclaration de 1789 disait : la *nécessité publique*) légalement constatée l'exige évidemment, et sous la condition d'une juste et préalable indemnité.

La confiscation générale a disparu depuis la Charte de 1814. Elle a été rétablie pour un cas spécial par la loi du 14 novembre 1918 (affaire Bolo Pacha). La confiscation spéciale peut porter sur le corps du délit, sur les matières produites par le délit, ou sur l'instrument du délit.

3º L'inviolabilité du domicile privé, l'autorité publique ne pouvant y pénétrer que dans les cas et dans les formes déterminés par la loi.

4º La liberté du commerce, du travail et de l'industrie.

5º La liberté de conscience et la liberté du culte.

6º La liberté de réunion et la liberté de la presse.

7º La liberté d'association.

8º La liberté d'enseignement.

Les droits individuels ont été consacrés par la Déclaration des droits de l'homme et du citoyen de 1789, qui fut mise en tête de la Constitution des 3-14 septembre 1791 et qui contient les *principes de 1789*.

Déclaration des droits. — Les hommes naissent et demeurent libres et égaux en droits. Les distinctions sociales ne peuvent être fondées que sur l'utilité commune. Le but de toute association politique est la conservation des droits naturels et imprescriptibles de l'homme. Ces droits sont : la liberté, la propriété, la sûreté et la résistance à l'oppression (*Déclaration des droits de 1789*).

La Constitution de 1791 rappelle en les précisant les droits individuels dont le principe est formulé dans la Déclaration des droits ; « le pouvoir législatif ne pourra faire aucunes lois qui portent atteinte et mettent obstacle aux droits naturels et civils consignés dans le présent titre et garantis par la Constitution ». Ainsi se trouve formulée la règle qui, fondée sur la reconnaissance des droits individuels, vient limiter juridiquement les pouvoirs de l'Etat législateur.

Toutes nos constitutions postérieures, à l'exception des lois constitutionnelles de 1875, ont rappelé expressément ou visé les droits individuels et naturels de l'homme qui avaient été affirmés dans la Déclaration de 1789.

Quoique la Constitution de 1875 ne contienne aucune mention, ni aucun rappel des droits inscrits dans la Déclaration de 1789 (liberté, propriété et sûreté) nous croyons que cette déclaration a conservé de nos jours toute sa force législative positive et qu'elle s'impose encore non seulement au législateur ordinaire mais aussi au législateur constituant. Dans le système de 1789, il y a trois catégories de lois :

1º Les déclarations des droits. Elles s'imposent au législateur constituant.

2º Les lois constitutionnelles. Elles s'imposent au législateur ordinaire.

3º Les lois ordinaires. Le législateur ordinaire est lié par les déclarations des droits ; et s'il n'y a pas dans la Constitution des dispositions rappelant ou garantissant les droits inscrits dans la Déclaration, il n'est pas moins lié par la Déclaration et il lui est toujours interdit de les violer, sous peine de faire une loi contraire au droit.

Garantie des droits. Ce sont des articles constitutionnels qui assurent au citoyen la jouissance de tel ou tel droit individuel (liberté, propriété, sûreté, résistance à l'oppression). On veut par ces garanties des droits protéger les droits individuels contre le législateur lui-même, lui interdire de faire aucune loi qui les viole. Le pouvoir législatif ne peut faire aucune loi qui porte atteinte et mette obstacle à l'exercice des droits naturels et civils garantis par la Constitution.

Une loi qui supprimerait ou entamerait une liberté ou l'un des droits garantis par la Constitution ne serait pas nulle pour cela ; et ni le pouvoir exécutif, ni le pouvoir judiciaire ne pourraient refuser d'en faire l'application ; car, notre droit public, par une conséquence de la séparation des pouvoirs, refuse aux tribunaux le droit d'apprécier la constitutionnalité des lois. Seules les Constitutions de l'an VIII et de 1852 avaient organisé une procédure de cassation des actes inconstitutionnels. C'est ainsi que le Sénat pouvait annuler les lois qui porteraient atteinte à la liberté des cultes, à la liberté individuelle, à l'égalité des citoyens devant la loi, au respect de la propriété.

Les particuliers ont contre certains actes du pouvoir exécutif un moyen de défense dans la faculté qui leur appartient de les déférer au Conseil d'Etat pour excès de pouvoir ; mais il y en a toute une catégorie, les actes gouvernementaux et les actes du pouvoir législatif, contre lesquels cette voie de recours leur échappe. Cependant ils peuvent trouver une dernière sauvegarde de leurs droits dans l'exercice du *droit de pétition*.

Egalité. — Aux termes de l'art. 1er de la Déclaration des droits de l'homme et du citoyen de 1789, les hommes naissent et demeurent libres et égaux en droits. Les distinctions sociales ne peuvent être fondées que sur l'utilité commune.

Cela suppose nécessairement chez tous les individus une égale aptitude de droit et une égale répartition des charges publiques. De là :

1° L'égalité devant la loi. Tous les citoyens ne forment qu'une classe unique de sujets à l'égard desquels la loi statue indistinctement, sans acception de personnes.

2° L'égalité devant la justice, c'est-à-dire l'exclusion des juridictions privilégiées ou d'exception. Sont abolis le *privilège de clergie*, qui permettait aux clercs d'être poursuivis exclusivement devant les tribunaux ecclésiastiques ; et le *privilège de committimus*, qui permettait aux nobles d'être jugés directement par la Chambre des Requêtes du Parlement.

3° L'égalité des charges publiques, notamment au point de vue de l'impôt, qui doit être réparti entre les contribuables, en raison de leurs facultés ; et du service militaire, dont l'obligation est égale pour tous.

4° L'égale admissibilité aux fonctions et emplois publics de tous les citoyens qui justifient des qualités exigées par la loi. L'art. 14 de la loi du 1ᵉʳ juillet 1901, qui décide que nul n'est admis à diriger, soit directement, soit par personne interposée, un établissement de quelque ordre qu'il soit, ni à y donner l'enseignement s'il appartient à une congrégation religieuse non autorisée, est une violation flagrante des principes de la Déclaration des droits.

Élections. — Sont électeurs tous les Français majeurs de 21 ans, non incapables, ni indignes. Les conditions sont les mêmes pour élire les députés, les conseillers généraux, d'arrondissement et municipaux. Il faut :

1° Être Français de naissance ou naturalisé.

2° Être du sexe masculin.

3° Être majeur de 21 ans et non interdit judiciairement.

Les prodigues et les faibles d'esprit, pourvus d'un conseil judiciaire, sont électeurs.

4° N'avoir pas été frappé par un jugement impliquant l'indignité. Sont indignes :

a) Les individus déclarés en faillite. Aux termes de la loi du 23 mars 1908, les faillis non condamnés pour banqueroute simple ou frauduleuse sont exclus des collèges électoraux pendant trois ans, à partir du jugement du tribunal de commerce déclarant la faillite. De plus, les faillis réhabilités sont relevés immédiatement de l'incapacité électorale. Enfin les individus mis en liquidation judiciaire sont électeurs.

b) Les notaires et officiers ministériels, destitués, lorsqu'une disposition formelle du jugement ou arrêt de destitution les aura déclarés déchus du droit de vote.

c) Les individus condamnés à une peine criminelle ou à certaines peines correctionnelles.

L'amnistie et la réhabilitation, mais non la grâce, effacent l'incapacité.

5° Avoir un domicile réel ou une résidence de six mois, ou exercer une fonction publique dans la commune, ou être inscrit au rôle de l'une des quatre contributions directes.

6° Ne pas être au service militaire ; ne pas être retenu dans un établissement d'aliénés ; ne pas être détenu, ni contumax.

La qualité d'électeur se prouve par l'inscription sur les listes électorales. Tout individu inscrit sur la liste électorale doit être admis au vote, même s'il n'est pas électeur. Tout individu qui n'est pas inscrit sur la liste électorale ne peut pas voter, même s'il remplit les conditions de l'électorat, à moins qu'il ne soit porteur d'une décision de justice constatant sa capacité électorale.

Il y a une liste électorale par commune, ou par section électorale de commune, à Paris par quartier. Il y a deux révisions : la révision périodique annuelle et la révision avant l'élection.

La révision périodique annuelle a lieu tous les ans, du 1ᵉʳ janvier au 31 mars, qu'il y ait ou non des élections.

Du 1ᵉʳ au 14 janvier, une commission administrative reçoit la liste, ajoute les nouveaux électeurs, retranche les noms des décédés, des faillis, des condamnés... Au cas de radiation, la commission avise l'intéressé.

Le 15 janvier, la liste est déposée au secrétariat de la mairie et envoyée au sous-préfet. Tout électeur peut la consulter et en prendre copie.

Du 15 janvier au 31 mars, on juge les réclamations. Le 31 mars, la liste est arrêtée. Elle servira jusqu'au 31 mars suivant. Quelques jours avant l'élection, le maire doit procéder à la radiation des décédés et des individus exclus par jugement.

Chaque électeur a une voix. Au premier tour de scrutin, il faut la majorité absolue des suffrages exprimés et le quart des électeurs inscrits. Au deuxième tour, il suffit de la majorité des votants.

Le scrutin uninominal est employé pour l'élection des députés, des conseillers généraux, des conseillers d'arrondissement. Le scrutin de liste est employé pour l'élection des conseillers municipaux.

L'élection d'un inéligible (failli, condamné) est nulle, de même que l'élection d'un préfet, d'un sous-préfet dans le département où il exerce ses fonctions.

Lorsque la loi déclare qu'il y a incompatibilité, l'individu pourra être élu, mais il devra opter, dans un certain délai, entre sa situation et la fonction à laquelle il a été élu.

Le contrôle juridictionnel applicable à une élection, au cas où la loi n'a pas organisé expressément un autre contrôle juridictionnel, est celui du Conseil d'État statuant sur le recours pour excès de pouvoir.

La loi n'admet la vérification des pouvoirs que pour les réclamations contre l'élection des députés et des sénateurs. C'est l'assemblée élective elle-même qui statue sur les réclamations électorales.

Pour les conseils généraux, le tribunal compétent est le Conseil d'État ; pour les conseils d'arrondissement et les conseils municipaux, c'est le conseil de préfecture avec appel au Conseil d'État.

Établissements publics. — Ce sont des services administratifs pourvus de personnalité juridique : Universités, facultés, lycées, hôpitaux, etc.

Les établissements d'utilité publique sont des créations d'initiative privée étrangères au mécanisme de l'administration, mais douées, à raison des services qu'elles rendent, de la plus large capacité qui puisse être reconnue aux personnes morales du droit administratif : hôpital fondé par des philanthropes, caisse d'épargne.

L'acceptation des libéralités par les établissements publics et par les établissements d'utilité publique est soumise également à la nécessité d'une autorisation. Elle est dans tous les cas limitée par la règle de la *spécialité*. Mais cette règle est plus rigoureuse en ce qui concerne les établissements publics. Elle consiste en ce qu'aucune acceptation de libéralité ne saurait être autorisée si elle a pour condition l'accomplissement d'actes étrangers à l'établissement gratifié. Ainsi un hôpital ne peut pas recevoir un legs pour la fondation d'une école ; une université ne peut pas recevoir un don pour les pauvres.

La capacité des établissements publics est restreinte par leur soumission nécessaire à la tutelle administrative, qui ne s'étend qu'exceptionnellement aux établissements d'utilité publique.

En outre, les comptes des établissements publics sont soumis aux règles de la comptabilité publique. Leurs comptables sont justiciables de la Cour des comptes ou des conseils de préfecture. — Les comptes des établissements d'utilité publique ne sont soumis à aucun contrôle juridictionnel.

État, personne morale. — Il eût été suffisant de reconnaître la personnalité morale de l'État. L'État, débiteur, créancier, propriétaire, ou contractant aurait été représenté par ses différents agents suivant les causes des recettes et des dépenses.

On a trouvé plus commode de donner également la personnalité morale à certains services.

Ces services, qui reçoivent le nom d'*établissements publics*, peuvent ainsi contracter, payer, recevoir, être propriétaires ; ils ont une vie propre, ce qui allège d'autant les fonctions du grand corps dont en réalité ils sont membres.

L'Etat est une personne morale. Les Français sont *collectivement* propriétaires de biens et titulaires de droits ; ils ont à eux tous un patrimoine collectif, qui n'est pas plus à la disposition de chacun d'eux que les biens d'une société de commerce n'appartiennent à chaque associé pris individuellement. C'est par son ou ses représentants que la collectivité exercera ses droits pour le profit définitif de tous, comme cela a lieu dans les sociétés commerciales. Enfin aucun n'a de droits individuels sur le patrimoine collectif, et ce patrimoine, entièrement séparé des biens particuliers de chacun, échappe aux créanciers de chacun ; mais cela n'empêche pas que c'est à tous ensemble que le patrimoine collectif appartient.

Le département, depuis 1838 et même depuis 1811, la commune, de tout temps, en ce qui touche leur patrimoine, apparaissent aussi comme des associations de leurs habitants. Ce sont les habitants de la commune qui sont les *propriétaires collectifs* du bien communal.

Etranger. — 1° Il a le droit d'entrer sur le territoire français. La notion de l' « indésirabilité » n'existe pas dans la loi.

2° Il a le droit de séjour. Sa situation est très précaire, au point de vue de l'extradition, du bannissement, de l'expulsion. Le gouvernement peut, par mesure de police, et en dehors de toute condamnation, expulser du territoire les étrangers y résidant. Ce droit d'expulsion est consacré par les art. 7 et 8 de la loi du 3 décembre 1849. Le ministre de l'intérieur peut, par mesure de police et par simple arrêté, qui n'a pas besoin d'être motivé, enjoindre à tout étranger voyageant ou résidant en France de sortir immédiatement du territoire. Ce droit appartient au ministre même pour les étrangers qui ont obtenu du gouvernement l'autorisation de fixer leur domicile en France ; mais l'arrêté d'expulsion cesse d'avoir effet dans un délai de deux mois, si l'autorisation de fixer le domicile en France n'est pas révoquée. Dans les départements frontières, le préfet peut ordonner l'expulsion des étrangers, et il doit en référer immédiatement au ministre de l'intérieur.

3° Sa demeure est inviolable.

4° La liberté de la presse, le droit d'association, la liberté de l'enseignement, subissent des restrictions en ce qui concerne l'étranger.

5° Il n'a pas le droit de pétition. D'après certains auteurs, il faut distinguer entre les pétitions qui touchent à un intérêt simplement individuel et celles qui touchent à un intérêt collectif. Les étrangers peuvent présenter les premières, mais non pas les secondes.

6° Les associations composées en majeure partie d'étrangers peuvent être dissoutes par décret en conseil des ministres (L. *1er juillet 1901*).

7° L'étranger naturalisé Français n'est éligible aux assemblées législatives que dix ans après le décret de naturalisation, à moins qu'une loi spéciale n'abrège ce délai, qui peut être réduit à une année.

8° Il a la jouissance des droits civils qu'une disposition expresse ne lui a pas enlevés (controverse).

9° Les étrangers admis à résider en France doivent être munis d'un certificat de résidence et d'une carte d'identité. Dans un but de protection du travail national, la loi a réglementé l'admission des étrangers dans les établissements industriels et commerciaux.

Fonctions publiques. — Les fonctionnaires sont ceux qui, ayant accepté une nomination de l'administration à un poste déterminé, collaborent d'une manière continue à la gestion de la chose publique.

Il y a des fonctionnaires de carrière, comme les préfets, les juges ; et des fonctionnaires par occasion, comme les maires ; il y a des fonctionnaires nommés et des fonctionnaires élus...

Les administrateurs font deux sortes d'actes : des actes d'autorité ou des actes de gestion.

Les actes de gestion peuvent être considérés comme un louage de service entre l'Etat, personne morale, et le fonctionnaire.

La mission de faire des actes d'autorité peut être conférée à quelqu'un par l'élection ou par une désignation, qui est un acte d'autorité et non un acte contractuel. Conséquences :

1° Les mesures répressives contre les outrages, violences ou diffamations dont les fonctionnaires peuvent être victimes, dans l'exercice de leurs fonctions, ne s'appliquent pas aux fonctionnaires de gestion.

2° Les fonctionnaires d'autorité ne peuvent pas se syndiquer.

3° La révocation des fonctionnaires de gestion devrait être considérée comme la rupture d'un louage de services. Lorsqu'il y a lieu à réclamation d'une indemnité pour révocation injustifiable, la compétence appartient aux tribunaux judiciaires, parce que la révocation est la rupture d'un contrat. S'il s'agit d'un fonctionnaire d'autorité, sa fonction peut lui être retirée *ad nutum* par un acte d'autorité pareil à celui qu'on a fait en la lui donnant.

Liberté d'association. — Aux termes des art. 291 à 294 du Code pénal, il était interdit, sauf exception, de constituer des associations de plus de vingt personnes sans l'agrément du gouvernement, représenté, à Paris, par le préfet de police ; et, dans les départements, par les préfets. L'autorisation pouvait être discrétionnairement refusée, ou subordonnée à telles conditions qu'il plaisait à l'Administration d'invoquer. Cette législation s'appliquait aux sociétés philanthropiques, artistiques, scientifiques.

L'autorisation donnée ne conférait pas à ces associations la personnalité morale. L'acquisition de la personnalité exigeait la reconnaissance comme établissement d'utilité publique, conférée par un décret en Conseil d'Etat.

L'autorisation donnée permettait seulement aux associés de se réunir sans enfreindre les lois pénales, de centraliser des dons manuels et des souscriptions et de les employer, par l'organe d'un bureau, à un objet convenu.

Deux catégories d'exceptions étaient admises :

1° Au profit des *associations syndicales de propriétaires* pour l'exécution de travaux d'intérêt collectif (L. *16 septembre 1807*).

2° Au profit des *syndicats professionnels* (L. *21 mars 1884*).

Les syndicats professionnels ne peuvent se former librement que depuis la loi du 21 mars 1884. Avant la Révolution, tous les métiers étaient organisés en corporations et l'on ne pouvait travailler que si l'on était admis dans une corporation.

1° Le syndicat, à la différence de la corporation, n'est pas une organisation imposée ; c'est une association qui peut librement se former, pourvu que les conditions prévues par la loi soient remplies.

2° Il est nécessaire que les membres du syndicat exercent la même profession ou des professions similaires. Cependant la loi du 12 mars 1920 autorise à continuer à faire partie du syndicat les personnes qui auront quitté l'exercice de leur profession si elles l'ont exercée au moins un an.

3° Le syndicat doit être constitué pour la défense des intérêts économiques, industriels, commerciaux ou agricoles de la profession.

4° Les syndicats ne peuvent se proposer pour

objet l'exploitation d'une industrie ou d'une entreprise.

5° Les directeurs et administrateurs du syndicat doivent être Français, jouir de leurs droits civils, travailler en France et exercer la profession représentée par le syndicat.

Quant aux formes, les syndicats doivent faire connaître leurs statuts et la composition de leur conseil d'administration. Cette déclaration doit être déposée à la mairie. Le maire, dans le délai de 15 jours, doit communiquer les statuts au procureur de la République et au préfet. Les préfets doivent les communiquer au ministre du commerce.

La personnalité civile est reconnue aux syndicats. Ils ont le droit d'ester en justice. Ils s'imposent des cotisations qu'ils emploient aux besoins communs de la corporation.

Inversement, les *congrégations religieuses* ne pouvaient se constituer qu'en vertu d'une autorisation législative.

De même, une loi était nécessaire pour accorder la personnalité morale aux *associations* ou *établissements d'enseignement supérieur libre*.

La loi du 1er juillet 1901 a abrogé les art. 291 à 294 du Code pénal, ainsi que les divers textes qui mettaient des entraves au droit d'association. Elle a laissé subsister l'interdiction des congrégations religieuses.

La loi de 1901 définit l'association : la convention par laquelle deux ou plusieurs personnes mettent en commun, d'une façon permanente, leurs connaissances ou leur activité dans un but autre que de partager des bénéfices. Le même contrat, en vue de partager des bénéfices, s'appellerait « société ».

Désormais, les associations de personnes peuvent se former librement, pourvu qu'elles n'aient pas un objet contraire aux lois ou aux bonnes mœurs.

I. *Associations clandestines.* Elles ne sont pas interdites, pourvu qu'elles aient un objet licite. Elles n'ont pas la personnalité morale ; elles ne peuvent pas ester en justice. Les cotisations de leurs membres et les recettes diverses qu'elles peuvent faire ne constituent pas un fonds collectif mais un fonds indivis affecté à un objet déterminé.

II. *Associations déclarées.* Les associations qui se soumettent à l'obligation de la déclaration préalable ont immédiatement la personnalité morale, mais leur capacité juridique est limitée par la loi aux actes suivants :

1° Elles peuvent ester en justice.

2° Elles peuvent acquérir à titre onéreux et conserver les immeubles strictement nécessaires à leur fonctionnement.

3° Elles ne peuvent acquérir à titre gratuit que les cotisations de leurs membres et les subventions administratives.

La déclaration d'existence se fait à la préfecture ou à la sous-préfecture de l'arrondissement où l'association a son siège. Elle doit faire connaître l'objet de l'association, le siège de ses établissements, la composition de son administration.

III. *Associations reconnues comme établissements d'utilité publique.* Les associations peuvent obtenir une capacité plus large par leur reconnaissance comme *établissements d'utilité publique*, au moyen d'un décret rendu en la forme des règlements d'administration publique. Elles peuvent désormais recevoir des dons et legs. La loi du 4 février 1901 subordonne l'acceptation de toute libéralité mobilière et de tout immeuble d'une valeur minima de 3.000 fr., à une autorisation préfectorale. Si la libéralité consiste en immeubles valant plus de 3.000 fr., un décret est nécessaire. La loi ajoute à ces restrictions l'impossibilité d'accepter une réserve d'usufruit au profit du donateur.

En principe, ces associations peuvent faire tous les actes de la vie civile qui ne sont pas interdits par leurs statuts ; toutefois les associations simplement déclarées ne peuvent acquérir et posséder des immeubles que pour les besoins de leur fonctionnement.

Au cas où un legs ou une donation comprendrait des immeubles non nécessaires au fonctionnement de l'association, ils devront être vendus : le prix en sera versé à la caisse de l'association et placé par elle en valeurs mobilières nominatives.

Nullité ou dissolution. Toute association est nulle, qu'elle soit formée par convention verbale ou constatée par écrit, si elle est fondée pour une cause ou en vue d'un objet illicite, si elle a pour but de porter atteinte à l'intégrité du territoire national ou à la forme républicaine du gouvernement.

La nullité sera constatée par les tribunaux civils, à la requête de tout intéressé ou du ministère public. Elle entraîne non seulement la dissolution forcée de l'association pour l'avenir, mais la nullité de tous les actes qui, depuis sa constitution, auraient été faits en son nom.

L'autorité judiciaire peut également prononcer la dissolution d'une association régulièrement déclarée, comme sanction des obligations imposées par l'art. 5 de la loi, en cas de modification dans l'administration ou dans les statuts ; par exemple pour défaut de déclaration des changements apportés dans l'administration ou la direction.

La dissolution, dans cette hypothèse, ne peut avoir d'effet que pour l'avenir. L'exécution des jugements qui la prononcent est assurée par des sanctions pénales.

La dissolution peut aussi être prononcée par l'autorité administrative.

Un décret en Conseil des ministres peut prononcer la dissolution des associations qui sont composées en majeure partie d'étrangers, de celles qui ont des administrateurs étrangers ou leur siège à l'étranger, si leurs agissements sont de nature à fausser les conditions normales du marché des valeurs ou des marchandises, soit à menacer la sûreté intérieure ou extérieure de l'Etat.

Le décret de dissolution peut être l'objet d'un recours pour excès de pouvoir.

En cas de dissolution volontaire, statutaire ou prononcée par justice ou par l'autorité administrative, les biens de l'association sont dévolus conformément aux statuts ou, à défaut de disposition statutaire, suivant les règles déterminées en assemblée générale.

IV. *Congrégations religieuses.* Aucune congrégation ne peut se former sans une autorisation législative qui déterminera les conditions de son fonctionnement.

Les congrégations autorisées par des dispositions antérieures (les Lazaristes, les Missions étrangères, les Pères du Saint-Esprit, les Pères de Saint-Sulpice, la Congrégation des Frères des Ecoles chrétiennes, et quelques congrégations de femmes) et celles qui obtiendront ultérieurement l'autorisation jouissent de la personnalité morale. Elles sont astreintes à dresser chaque année l'inventaire de leurs biens. Elles ont ainsi la capacité juridique dont jouissent les associations reconnues comme établissements d'utilité publique ; mais elles peuvent se voir enlever la personnalité morale par un décret rendu en Conseil des ministres. Elles doivent tenir un état de leurs recettes et dépenses et dresser chaque année le compte financier de l'année écoulée, et l'état inventorié de leurs meubles et immeubles.

Les congrégations autorisées ne peuvent fonder aucun établissement nouveau qu'en vertu d'un décret rendu en Conseil d'Etat. Les sanctions pénales que la loi n'édictait que pour la constitution de congrégations non autorisées s'appliquent aussi à la création non autorisée d'établissements séparés, que l'établissement appartienne à des congrégations ou à des tiers, qu'il comprenne un ou plusieurs congréganistes.

Sanction de l'interdiction des congrégations non autorisées. En ce qui concerne les congrégations existantes en 1901, un délai de trois mois leur a été imparti pour solliciter l'autorisation. Celles qui ne l'ont pas demandée ou ne l'ont pas obtenue ont dû être dissoutes. Il est procédé à la liquidation de leurs biens par des administrateurs séquestres désignés par les tribunaux.

Les biens appartenant aux congréganistes antérieurement à leur entrée dans la congrégation, ou acquis depuis soit par succession *ab intestat,* soit par donation ou legs en ligne directe, doivent leur être restitués.

Les dons et legs faits autrement qu'en ligne directe peuvent être également revendiqués, mais à charge par les bénéficiaires de la preuve qu'ils n'ont pas été personnes interposées.

Les biens acquis à titre gratuit et qui n'auraient pas été spécialement affectés par l'acte de libéralité à une œuvre d'assistance peuvent être revendiqués par le donateur ou ses ayants droit ou par les héritiers du testateur, sans qu'il puisse leur être opposé aucune prescription.

Si les biens ont été donnés ou légués en vue de pourvoir à une œuvre d'assistance, il doit être pourvu à l'accomplissement de l'objet assigné à la libéralité.

Toute action en reprise doit être formée contre le liquidateur dans le délai de six mois, à partir de la publication du jugement. Passé le délai de six mois, le liquidateur procédera à la vente en justice des immeubles non revendiqués ou non affectés à une œuvre d'assistance. Le produit de la vente, ainsi que toutes les valeurs mobilières, sera déposé à la Caisse des dépôts et consignations.

S'il n'y a pas de contestation ou lorsque les contestations auront été jugées, l'actif net sera réparti entre les ayants droit.

Sur l'actif resté libre après le prélèvement ci-dessus prévu, il sera attribué une allocation aux membres de la congrégation dissoute qui n'auraient pas de moyens d'existence assurés ou qui justifieraient avoir contribué à l'acquisition des valeurs mises en distribution par le produit de leur travail personnel.

Après que les congréganistes et les ayants cause des donateurs et testateurs ont effectué les prélèvements prévus, le soin de déterminer les ayants droit à qui le reliquat doit être attribué est laissé aux tribunaux, qui devront appliquer à cette espèce nouvelle les règles du droit commun. On ne saurait y voir des biens vacants et sans maître, et les attribuer à l'Etat.

Pénalités et incapacités. Contre les congrégations qui se reformeraient après la dissolution ou qui seraient constituées dans l'avenir sans autorisation, la loi édicte des pénalités et des incapacités.

Les pénalités sont l'amende (16 à 5.000 fr.) et la prison (six jours à un an). Les peines applicables aux fondateurs et administrateurs sont doubles. Elles sont étendues depuis 1892 à ceux qui favoriseraient le fonctionnement d'un établissement en lui fournissant un local.

Les incapacités sont inscrites dans les art. 14 et 17 : « Nul n'est admis à diriger, soit directement, soit par une personne interposée, un établissement d'enseignement de quelque ordre qu'il soit, ni à y donner l'enseignement, s'il appartient à une congrégation religieuse non autorisée. Les contrevenants seront punis des peines prévues par l'article 8, § 2 de la loi de 1901 (16 à 5.000 fr. d'amende et 6 jours à un an de prison). La fermeture de l'établissement pourra, en outre, être prononcée par le jugement de condamnation.

L'article 17 déclare nuls tous actes entre vifs ou testamentaires à titre onéreux ou à titre gratuit, accomplis soit directement, soit par personne interposée ou toute autre voie indirecte, ayant pour objet de permettre à une association légalement ou illégalement formée de se soustraire aux dispositions de la loi.

Présomptions légales d'interposition de personnes. Sont présumés personnes interposées, sauf preuve contraire :

1° Le membre de la congrégation à qui a été consentie une *vente* ou fait un *don* ou un *legs.* Toutefois, la présomption cesse s'il s'agit d'un legs fait par une personne dont le bénéficiaire était héritier en ligne directe.

2° Le *propriétaire de l'immeuble* occupé par la congrégation, lorsqu'il en est lui-même membre, ou lorsqu'il s'agit d'une société civile ou commerciale composée en tout ou en partie de membres de la congrégation.

3° En outre, pour le cas particulier où une congrégation aurait été déclarée illicite et essaierait de se perpétuer ou de se reconstituer, la loi établit une présomption spéciale : le propriétaire de l'immeuble occupé par la congrégation est présumé personne interposée, quelle que soit sa qualité, c'est-à-dire alors même qu'il serait étranger à la congrégation.

La nullité peut être prononcée soit à la diligence du ministère public, soit à la requête de tout intéressé.

V. *Associations syndicales.* Ce sont des associations de propriétaires en vue de l'exécution de travaux d'intérêt collectif. On distingue :

1° *Les associations syndicales libres* où les propriétaires s'entendent spontanément pour exécuter ce qui leur est communément avantageux.

2° *Les associations syndicales autorisées,* constituées avec le concours de l'administration, où la majorité des intéressés peut imposer sa décision à la minorité et l'obliger à contribuer à l'exécution.

3° *Les associations syndicales obligatoires,* où c'est l'administration qui impose à tous les intéressés l'exécution des travaux.

Liberté de conscience. — L'inviolabilité de la liberté de conscience a été proclamée par l'Assemblée constituante. Violée sous la Révolution par la Constitution civile du clergé, elle avait été restituée dès la fin de la Terreur. La police du culte fut réglementée par le Concordat et les articles organiques du 18 germinal an X.

La loi du 9 décembre 1905, relative à la séparation des Eglises et de l'Etat, déclare, comme l'avait fait la Déclaration des droits de l'homme insérée dans la Constitution de 1791, que la République assure la liberté de conscience et garantit le libre exercice des cultes, sous les seules restrictions édictées dans l'intérêt de l'ordre public.

La liberté de conscience, c'est-à-dire le droit de croire ce qu'on veut et de se rattacher à la religion qu'on préfère, et aussi le droit de ne professer aucune religion, implique la sécularisation de l'état civil, la loi sur la liberté des funérailles, la laïcisation des services publics et la suppression des distinctions entre les cultes dans les cimetières.

Le Concordat du 10 septembre 1801, conclu entre le Premier Consul et le Pape Pie VII, stipulait au profit du culte catholique :

1° La liberté de la publicité du culte.

2° La remise des églises à la disposition des évêques.

3° Un traitement convenable aux évêques et aux curés.

Il stipulait au profit de l'Etat :

1° La nomination des évêques par le gouvernement ; l'agrément du gouvernement pour la nomination des curés.

2° Le contrôle du gouvernement sur l'exercice du culte et le droit de faire à cet égard les règlements qui paraîtraient nécessaires.

La rupture entre les Eglises et l'Etat a été consacrée par la loi du 9 décembre 1905, qui supprime ainsi toute la tutelle administrative en matière religieuse.

Associations cultuelles. — Pour remplacer la *mense épiscopale* et la *fabrique*, propriétaires des biens affectés à l'administration des diocèses et des paroisses, la loi du 9 décembre 1905 avait imaginé l'*Association cultuelle*. Le Pape ayant frappé d'interdit les associations cultuelles, les catholiques ont constitué des « conseils de paroisses ». Mais, les conseils paroissiaux n'ayant pas la personnalité morale ne peuvent pas prétendre à l'héritage des biens des établissements disparus, héritage dont la loi de 1905 offrait aux associations cultuelles le dépôt et l'usufruit perpétuel et ils ne peuvent pas assurer aux ministres du culte la jouissance exclusive et paisible des églises et la jouissance temporaire des évêchés et presbytères.

Conséquences de l'interdiction des associations cultuelles. A défaut de toute association pour recueillir les biens d'un établissement public du culte, ces biens sont attribués par décret aux établissements communaux d'assistance ou de bienfaisance situés dans les limites territoriales de la circonscription ecclésiastique antérieure. Jusqu'à leur attribution, ces biens sont placés sous séquestre. La gestion en est confiée à l'administration des domaines.

L'Etat reprend les biens qui proviennent de lui et qui ne sont pas grevés d'une fondation pieuse créée postérieurement au 18 germinal de l'an X.

On destinait aux associations cultuelles les biens qui ne proviennent pas de l'Etat et qui ne sont grevés d'aucune affectation ou seulement d'affectations pieuses.

Quant aux biens qui sont grevés d'affectations étrangères au culte, c'est-à-dire d'affectations charitables ou scolaires, ils ont dû être attribués par les représentants des fabriques et des menses provisoirement maintenus en exercice aux établissements publics ou d'utilité publique dont la destination est conforme à celle desdits biens. L'attribution doit être approuvée par le préfet. En cas de non-approbation du préfet, il doit être statué par décret en Conseil d'Etat. En cas de non-attribution dans l'année, il y sera pourvu par décret simple.

Exécution des charges. Les biens placés sous séquestre et les revenus des biens destinés à faire retour à l'Etat doivent servir au paiement des dettes des établissements supprimés.

Ces ressources peuvent être insuffisantes. L'article 6 de la loi de 1905 a spécifié que le revenu global des biens faisant retour à l'Etat resterait affecté, en l'absence d'association cultuelle, à l'acquittement des charges régulières et légales des établissements supprimés.

Y comprendra-t-on l'exécution des fondations pieuses ? Par exemple la charge de faire dire les messes suivra-t-elle ces fonds entre les mains de leurs nouveaux destinataires ?

Il faut admettre, semble-t-il, l'exécution des fondations par l'Etat, les départements, les communes ou établissements publics, aux conditions des tarifs en vigueur à l'époque où les fondations ont été faites.

La loi de 1905, prévoyant les protestations des ayants cause des donateurs ou testateurs contre le changement de destination des libéralités, dispose : « Toute action en reprise ou revendication devra être exercée dans un délai de six mois, à partir de l'attribution. L'action ne pourra être intentée qu'en raison de donations ou de legs et seulement par les auteurs et leurs héritiers en ligne directe. »

Loi du 2 janvier 1907. L'exercice public des cultes se pratique sans aucune condition, à titre purement précaire et *sans titre juridique*, par application du texte qui déclare laisser les églises et leur mobilier à la disposition des fidèles et des ministres du culte pour la pratique de leur religion. Le clergé n'a, sur l'édifice, aucun droit exclusif.

Il n'a qu'une jouissance de fait. L'entretien de l'église reste à la charge du propriétaire, Etat ou commune.

Liberté de réunion. — Aux termes de l'article 1er de la loi du 30 juin 1881, les réunions sont libres. Elles peuvent avoir lieu sans autorisation préalable, sous certaines conditions qui réglementent leur tenue. Aucune distinction n'est faite ; quelle que soit la matière qui doive être traitée dans la réunion ; qu'il s'agisse de matières religieuses ou politiques, la loi supprime la nécessité de l'autorisation préalable.

Réunions électorales. La réunion électorale est celle qui a pour but le choix ou l'audition de candidats à des fonctions publiques électives, et à laquelle ne peuvent assister que les électeurs de la circonscription, les candidats, les membres des deux Chambres et le mandataire de chacun des candidats.

Cette définition n'est pas limitée aux élections législatives ; elle s'applique à toutes les fonctions publiques électives.

Les candidats peuvent se faire représenter par un mandataire : il serait souvent impossible aux candidats d'assister à toutes les réunions qui se tiennent pendant la période électorale, dans une même circonscription, quelquefois simultanément et à des distances considérables.

Les candidats ne doivent pas, comme les autres citoyens, être nécessairement électeurs dans la circonscription. Toutefois, le candidat aux fonctions législatives doit, semble-t-il depuis la loi du 17 juillet 1889, sur les candidatures multiples, tout au moins s'il n'est pas électeur dans la circonscription, avoir préalablement fait la déclaration de candidature prescrite par cette loi.

Quant au mandataire, il n'est nullement nécessaire qu'il soit électeur dans la circonscription. Il peut assister à la réunion, alors même que le candidat y est présent.

Dans quels lieux et à quelles heures peuvent avoir lieu les réunions publiques. La loi de 1881 interdit les réunions publiques sur la voie publique. Toutefois, les réunions accidentelles qui se produiraient sur la voie publique, en dehors de toute formalité, demeureraient soumises aux dispositions de la loi sur les attroupements du 7 juin 1848.

D'ailleurs, la prohibition ne s'applique qu'aux voies publiques, rues, places, etc., où les réunions pourraient avoir pour effet d'entraver la circulation : la loi de 1881 n'interdit nullement les réunions en plein air ; elle a substitué le mot *lieu* au mot *local* qui se trouvait dans le premier projet du gouvernement.

L'article 6 ajoute que les réunions ne peuvent se prolonger au delà de onze heures du soir. Cependant, dans les localités où la fermeture des établissements publics a lieu plus tard, elles peuvent se prolonger jusqu'à l'heure fixée pour la fermeture de ces établissements.

Les maires pourraient, en vertu de leur pouvoir de police, par des arrêtés spéciaux, prescrire la clôture des réunions publiques à une heure moins tardive que celle des établissements publics.

L'interdiction des clubs a été abolie par la loi du 1er juillet 1901 sur le contrat d'association, et la nécessité de la déclaration préalable a été supprimée pour toutes espèces de réunions par la loi du 28 mars 1907.

Obligation de constituer un bureau. Chaque réunion doit avoir un bureau composé de trois personnes, au moins, chargé de maintenir l'ordre, d'empêcher toute infraction aux lois, d'interdire tout discours contraire à l'ordre public et aux bonnes mœurs, ou contenant provocation à un acte qualifié crime ou délit. Le bureau en un mot est chargé de la police de la réunion ; mais il n'a pas le droit de requérir directement la force publique ; il n'a d'autre autorité, si son autorité est méconnue, d'autres ressources que de suspendre ou de lever la séance.

Les membres du bureau sont élus par l'assemblée. Ils sont responsables des infractions aux prescriptions légales qui peuvent se produire au cours de la réunion.

Assistance à la réunion d'un fonctionnaire. Un fonctionnaire de l'ordre administratif ou judiciaire peut être délégué, à Paris, par le Préfet de police, et dans les départements par le Préfet, le sous-préfet ou le maire, pour assister à la réunion. Il choisit sa place. Le délégué peut être un préfet, un sous-préfet, un maire, un commissaire de police, un juge de paix.

La présence du fonctionnaire n'est pas obligatoire et la réunion peut être commencée et continuée en l'absence du délégué.

Dissolution. Il peut exceptionnellement prononcer la dissolution de la réunion, lorsqu'il en est requis par le bureau, ou lorsqu'il se produit des collisions ou des voies de fait.

Lorsque la dissolution de la réunion a été prononcée par le fonctionnaire délégué, ou même lorsque le bureau jugeant la continuation de la réunion illégale a levé la séance et s'est retiré, les pouvoirs de police du maire reprennent toute leur étendue. La réunion n'ayant plus d'existence légale, le maire aura le droit de disperser par la force les assistants qui persisteraient à rester réunis et continueraient à causer du tumulte ou des désordres.

Pénalités. Toute infraction aux dispositions de la loi est punie des peines de simple police, sans préjudice des poursuites pour crimes et délits qui pourraient être commis dans les réunions. Ces derniers peuvent être poursuivis devant le tribunal correctionnel ou la Cour d'assises suivant leur nature.

Liberté du travail. — Les anciennes corporations professionnelles, qui constituaient des entraves à la liberté du travail, ont été supprimées par la loi des 2-16 mars 1791.

L'Assemblée nationale ne se contenta pas de supprimer les maîtrises et les jurandes ; elle prononça l'interdiction absolue des associations corporatives de métiers et de professions. Elle violait ainsi le principe de la liberté individuelle. La loi Chapelier des 14-17 juin 1791 interdit toute association de métier comme contraire au principe de la Constitution elle-même.

Elle interdit non seulement les corporations professionnelles, mais encore les coalitions et les grèves et cela au nom de la liberté individuelle, comme contraires au principe de la liberté du travail, comme attentatoires à la Déclaration des droits de l'homme.

Sous le Consulat et l'Empire, les associations professionnelles demeurent rigoureusement prohibées.

Sous la Restauration, quelques tentatives sont faites en vain pour la reconnaissance légale des associations ouvrières et patronales. Le gouvernement de juillet ne fait qu'aggraver par la loi du 10 avril 1834 la législation prohibitive du Code pénal en matière d'association.

Sous le Gouvernement provisoire de 1848, l'insurrection de juin arrête pour un temps toutes réformes législatives en faveur des classes ouvrières.

La loi du 15 mai 1864 reconnaît aux ouvriers le droit de coalition et de grève.

Les associations professionnelles sont reconnues par la loi du 21 mars 1884.

Chacun peut travailler comme il veut, choisir le métier qu'il veut, à la condition de se conformer aux lois de police.

Personne n'est contraint juridiquement de travailler. Cependant le travail des prisonniers et le travail de l'esclave ne sont pas volontaires.

L'esclavage a été aboli en 1839 dans les colonies anglaises ; en 1849 dans les colonies françaises ; aux États-Unis, lors de la guerre de Sécession, de 1861 à 1865 ; au Brésil en 1882.

Quiconque désire travailler est libre de le faire. La majorité des hommes est forcée de se mettre au service d'autrui ; la rémunération s'appelle salaire, traitement, gage, indemnité, honoraires.

Les travailleurs sont recrutés, soit par le système du concours ; soit, et plus fréquemment, par le système de la convention.

Le droit au travail n'est pas reconnu : ni l'État, ni les particuliers ne sont tenus de donner du travail à ceux qui en demandent.

La liberté de l'entreprise et le système de la libre concurrence ont succédé aux corporations de métiers.

Toutefois, il y a certaines entreprises qui font l'objet d'un monopole légal : postes, télégraphes et téléphones, tabacs, allumettes chimiques, émission de billets de banque, exploitation des chemins de fer...

La liberté des conventions subit aussi des restrictions :

1° On ne peut pas, par des conventions particulières, modifier ce qui a trait à *l'organisation de la propriété*, ni instituer des droits réels que la loi n'a pas organisés. Cela rentre dans l'ordre public.

2° Il est défendu d'engager ses services *pour la durée de la vie entière* (art. 1780 C. civ.). La loi a pensé que ce serait là une sorte d'esclavage. De là, toutes les fois que, soit comme ouvrier, soit comme employé, on a engagé ses services sans détermination de durée, le contrat peut toujours cesser par la volonté d'une des parties contractantes.

3° On considère généralement comme nulle la renonciation absolue, qui accompagne parfois les cessions de fonds ou d'usines, à la faculté d'exercer à tout jamais tel ou tel métier. Cette clause ne serait valable que si elle comportait une limitation quant au temps ou quant au lieu.

Applications générales de la liberté du travail. La liberté du travail comporte le droit, pour toute personne capable de faire le commerce, d'exploiter en France une industrie quelconque. Elle comporte le droit d'employer les procédés de fabrication que l'on préfère, de vendre au prix qu'on veut les objets qu'on a récoltés, produits ou achetés.

Application de la liberté du travail aux étrangers travaillant en France. Autrefois, les Français seuls étaient admis dans les corporations. La suppression des corporations a ouvert les métiers aux étrangers. Un étranger peut fonder une industrie en France. Un industriel peut employer dans ses ateliers des ouvriers étrangers.

La classe ouvrière réclame aujourd'hui contre cet état de choses l'intervention du gouvernement. Dans certains pays, le régime corporatif existe encore et les ouvriers français ne sont pas admis à travailler comme la réciproque l'exigerait. De plus quelques pays où il n'y a plus de corporations ont imposé aux ouvriers étrangers, dont les Français font alors partie, des taxes assez lourdes. On demande qu'il en soit de même en France, et qu'on y taxe les ouvriers étrangers pour qu'ils soient empêchés de faire concurrence aux ouvriers français.

Pour donner un témoignage d'intérêt aux ouvriers français, a été portée, le 8 août 1893, une loi intitulée : Loi relative au séjour des étrangers en France et à la *protection du travail national*.

Cette loi, qui est plutôt une mesure de police et de statistique, un moyen d'être renseigné, qu'une restriction à la liberté du travail, oblige seulement, sous des peines diverses, tout étranger venant exercer une profession en France à faire, à la mairie, une déclaration de séjour, tout Français occupant des étrangers à exiger de ces étrangers le certificat d'immatriculation qui leur est délivré contre le récépissé de leur déclaration.

Application de la liberté du travail aux procédés de fabrication. La liberté des procédés n'existait pas non plus dans les corporations ; c'était la négation du droit d'inventer. Quiconque inventait devait obtenir la permission d'utiliser son invention ; et, comme elle troublait forcément la routine, il risquait fort de trouver mauvais accueil. C'est ainsi qu'Argand, l'inventeur de la lampe à double courant d'air, à laquelle Quinquet a donné son nom, eût à lutter contre les lampistes, les potiers, les chaudronniers, les serruriers de fer ou de laiton, sous le prétexte qu'il employait des matières ou des outils dont on se servait dans ces différents métiers.

La liberté des procédés a reçu au XVIIIe siècle une consécration définitive par la suppression du caractère obligatoire des règlements de métiers, le 5 mai 1779. Elle n'a aujourd'hui de limitation que dans les droits qu'on embrasse sous le nom de propriété industrielle et qui sont garantis par les règlements sur les brevets, les marques de fabrique, la propriété artistique et littéraire.

La marque de fabrique est une signature d'un genre particulier. L'usurper, c'est commettre le délit de concurrence déloyale.

De même, il est rationnel que les auteurs d'œuvres artistiques et littéraires aient le monopole de l'exploitation de leurs créations.

Le brevet d'invention est un système qui a pour but de provoquer les inventions et de récompenser les inventeurs suivant leurs mérites, sans porter atteinte à la liberté des procédés.

Tout individu qui invente un objet ou un outil nouveau peut, moyennant le payement de certains droits et le dépôt de certaines déclarations et dispositions de son invention, s'assurer, pour quinze ans au plus, le monopole de l'exploitation.

Application de la liberté du travail aux conditions d'exploitation. C'est la *liberté des prix.* Elle résulte de la faculté de vendre ou de ne pas vendre. La Convention avait édicté des lois dites *du maximum* pour les denrées usuelles de consommation. Ces lois furent très vite abrogées. Elles ont laissé seulement quelques traces. Deux industries, la boulangerie et la boucherie, sont encore soumises au régime de la taxe. Les municipalités ont le droit de taxer le prix du pain et de la viande. Mais la persistance du droit pour les municipalités de limiter par la taxe le prix du pain ne leur donne pas la faculté d'en réglementer la vente.

Application de la liberté du travail aux coalitions. La coalition est toute entente entre patrons ou bien entre ouvriers pour modifier les conditions du travail. Le Code pénal (art. 414 à 416) édictait contre les coalitions des peines variées. Les peines étaient plus sévères contre les ouvriers que contre les patrons, parce que les grèves d'ouvriers sont plus à craindre que les ententes entre patrons. En outre, on ne punissait les coalitions de patrons que si on les jugeait *abusives.* En 1849, on édicta l'égalité de pénalité. En 1864, on supprima toute pénalité.

Les art. 414 et 415 du Code pénal, dans leur teneur actuelle, ne punissent plus que les violences, voies de fait, menaces, manœuvres frauduleuses employées par des ouvriers coalisés contre ceux qui ne s'affilient pas à la coalition. La grève est permise, mais l'intimidation et la menace pour obliger à la grève sont interdites.

Dérogations à la liberté du travail. La liberté du travail est restreinte pour des causes diverses par la réglementation légale d'industries ou de professions spéciales.

Il y a des métiers dont le libre exercice serait dangereux pour ceux qui sont obligés d'en réclamer les services, et pour lesquels des garanties de capacité, de probité, d'honorabilité doivent être exigées. Tels sont : l'*enseignement,* la *médecine,* la *pharmacie,* le *barreau.*

En outre, il existe des industries que l'intérêt national, d'une part, et les particularités nécessaires d'exploitation, d'autre part, obligent à soumettre à des règles spéciales. Telles sont les industries extractives. *mines et carrières.* L'autorité concède la mine à qui présente à ses yeux les plus

sûres garanties. Ni l'inventeur, ni le propriétaire ne peuvent réclamer la préférence. Si ni l'un ni l'autre n'obtiennent la concession, l'un est récompensé, l'autre indemnisé. L'administration garde perpétuellement la surveillance sur l'exploitation (*L. 21 avril 1810*).

Enfin, un certain nombre d'industries ont dû, soit pour des raisons d'ordre public, soit pour des considérations d'ordre fiscal, soit en conséquence de leur nature même, être constituées en *monopoles* et soumises ainsi à un régime particulier.

Liberté individuelle. — La Constitution garantit la liberté à tout homme d'aller, de rester, de partir, sans pouvoir être arrêté, ni détenu que selon les formes déterminées par la Constitution (Const. de 1791, tit. 1, § 2).

Pour que la liberté individuelle soit véritablement reconnue et protégée par la loi, il faut :

1° Que nul individu ne puisse être arrêté et détenu que dans les cas qui sont expressément déterminés par la loi.

2° Que l'arrestation et la détention d'un individu ne puissent être ordonnées que par des fonctionnaires judiciaires.

3° Qu'une responsabilité effective puisse atteindre les fonctionnaires qui permettent, ordonnent ou maintiennent des arrestations illégales.

La violation la plus flagrante de la liberté individuelle a été faite, sous la Convention, par la loi du 17 septembre 1793, rendue sur le rapport de Merlin de Douai, et qui décide « qu'immédiatement après la publication du présent décret, tous les gens suspects qui se trouvent sur le territoire de la République et qui sont encore en liberté seront mis en état d'arrestation » et qui charge « les *comités de surveillance…* de dresser chacun dans son arrondissement, les listes des gens suspects, de décerner contre eux des mandats d'arrêt… » L'art. 7 portait que les détenus resteront gardés jusqu'à la paix.

L'art. 46 de la Constitution de l'an VIII porte : « Si le gouvernement est informé qu'il se trouve quelque conspiration contre l'Etat, il peut décerner des mandats d'arrêt et des mandats d'amener contre les personnes… »

L'art. 10 du Code d'instruction criminelle donne à un fonctionnaire purement administratif (préfet de département et préfet de police à Paris), à un agent du gouvernement dépendant exclusivement et directement de lui, le pouvoir de procéder à des arrestations.

Sous la Restauration, la loi du 29 octobre 1815, relative à des mesures de sûreté générale, décide que « tout individu qui aura été arrêté comme prévenu de crimes ou de délits contre la personne ou l'autorité du roi, contre les personnes de la famille royale, ou contre la sûreté de l'Etat pourra être détenu jusqu'à l'expiration de la présente loi, si avant cette époque il n'a été traduit devant les tribunaux ».

Le Gouvernement de juillet et la République de 1848 respectent le principe de la liberté individuelle.

Sous le régime oppressif et odieux du Second Empire, la circulaire des ministres de la justice, de la guerre et de l'intérieur, du 3 février 1852, crée les *Commissions mixtes.*

Dans chaque département est instituée une Commission, composée du préfet, du général commandant et du procureur général dans les chefs-lieux de Cour d'appel ; du procureur de la République dans les autres chefs-lieux de département. Toutes les autorités judiciaires, administratives et militaires, qui ont été chargées d'informer sur les faits se rattachant aux événements criminels de décembre, sont dessaisies, et les *Commissions mixtes* statueront sur le sort des individus encore retenus en prison à l'occasion de ces faits. Elles reçoivent le pouvoir d'ordonner le renvoi devant un conseil de guerre, la transportation à Cayenne ou en Algérie.

La loi de sûreté générale du 27 février 1858 décide que les individus condamnés pour un des délits prévus par cette loi et pour certains autres crimes ou délits peuvent être, par mesure de sûreté générale, internés dans un département de l'Empire ou d'Algérie ou expulsés du territoire français.

Le gouvernement de la République, depuis 1870, n'a pas édicté une seule loi qui fût contraire au principe de la liberté individuelle. Toutefois, l'art. 10 C. d'instr. crim. est toujours en vigueur et, légalement, il arme les préfets, agents politiques, de pouvoirs redoutables. Son abrogation s'impose.

Cas où la liberté individuelle est soumise à un régime de police. Ces cas sont les suivants :

I. *État de siège.* L'état de siège ne peut être déclaré que par une loi.

On distingue l'*état de siège fictif*, qui s'applique à une ville ouverte ou à un territoire en temps de paix ; et l'*état de siège réel*, qui est la situation faite à une place de guerre ou à un poste militaire. Dans les places de guerre et postes militaires, la déclaration de l'état de siège peut être faite par le commandant militaire en cas d'investissement, d'attaque de vive force ou de sédition intérieure. L'effet essentiel de l'état de siège réel est la substitution de l'autorité militaire à l'autorité civile. Aussitôt l'état de siège déclaré, les pouvoirs dont l'autorité civile était revêtue pour le maintien de l'ordre et de la police passent tout entiers à l'autorité militaire. L'autorité civile continue néanmoins à exercer ceux de ses pouvoirs dont l'autorité militaire ne l'a pas dessaisie (*L. 9 août 1849, art. 7*). Les garanties morales de la liberté individuelle sont par là même supprimées.

Les tribunaux militaires ont compétence pour connaître des crimes et délits contre la sûreté de la République, contre la Constitution, contre l'ordre et la paix publics, quelle que soit la qualité des auteurs principaux et complices.

Enfin l'autorité militaire peut :

1° Faire des perquisitions de jour et de nuit au domicile des citoyens.

2° Éloigner les repris de justice et les individus qui n'ont pas leur domicile dans le lieu soumis à l'état de siège.

3° Ordonner la remise des armes et munitions et procéder à leur recherche et à leur enlèvement.

4° Interdire les publications et les réunions qu'elle juge de nature à exciter ou à entretenir le désordre.

Les citoyens continuent, nonobstant l'état de siège, à exercer tous ceux des droits garantis par la Constitution dont la jouissance n'est pas suspendue par la loi.

En cas d'ajournement des Chambres, le Président de la République peut déclarer l'état de siège, de l'avis du Conseil des ministres, mais alors les Chambres se réunissent de plein droit deux jours après.

En cas de dissolution de la Chambre des députés, et jusqu'à l'accomplissement entier des opérations électorales, l'état de siège ne peut, même provisoirement, être déclaré par le Président de la République. Néanmoins, s'il y avait guerre étrangère, le Président, de l'avis du Conseil des ministres, pourrait déclarer l'état de siège dans les territoires menacés par l'ennemi, à condition de convoquer les collèges électoraux et de réunir les Chambres dans le plus bref délai possible.

D'après la loi du 3 avril 1878, dans les cas exceptionnels où le Président de la République peut déclarer l'état de siège par un décret (en cas d'ajournement des Chambres et de dissolution de la Chambre des députés), il ne peut le faire que de l'avis du Conseil des ministres.

II. *Droit d'expulsion.* Nous avons parlé plus haut du droit d'expulsion qui appartient au Gouvernement à l'égard des étrangers (*supra*, p. 4). Il n'y a pas lieu d'y revenir.

III. *Exclusion du territoire français des membres des familles ayant régné sur la France.* Aux termes de l'art. 1er de la loi du 22 juin 1886, le territoire de la République française est interdit aux chefs des familles ayant régné sur la France et à leurs héritiers directs dans l'ordre de primogéniture. Quant aux autres membres des familles ayant régné sur la France, le gouvernement est autorisé à leur interdire, à tout moment et pour une durée illimitée, le séjour sur le territoire français. Cette interdiction est prononcée par un décret du Président de la République, rendu en Conseil des ministres. La violation de l'interdiction est punie d'un emprisonnement de 2 à 5 ans, et à l'expiration de la peine le prince doit être reconduit à la frontière.

IV. *Situation des aliénés.* Nous avons dit plus haut avec quelle facilité une personne pouvait être enfermée dans une maison d'aliénés (v. *supra*, page 1).

Un courant d'opinion énergique s'est produit dans le sens d'une révision de la loi de 1838, en vue d'établir des garanties plus sérieuses. S'il est essentiel, en cas de placement d'office, que la société intervienne, dans l'intérêt de tous, au cas d'aliénation mentale vraiment justifiée, il ne l'est pas moins qu'elle intervienne seulement à bon escient et quand il y a nécessité. Or, du placement dans un asile d'aliénés à la séquestration arbitraire il n'y a qu'un pas.

V. *Inviolabilité du domicile.* Le texte encore en vigueur de l'article 76 de la Constitution de l'an VIII distingue, suivant qu'il y a lieu de pénétrer dans un domicile privé pendant la nuit ou pendant le jour.

Pendant la nuit, personne, même les agents de l'autorité porteurs d'un mandat de justice, n'a le droit de pénétrer dans l'intérieur d'une maison, à moins qu'il n'y ait réclamation venant de l'intérieur ou qu'il n'y ait un cas de force majeure. La loi prévoit les cas d'inondation ou d'incendie. Il est bien entendu que cette inviolabilité du domicile pendant la nuit ne s'applique qu'au domicile privé, et non pas aux maisons ouvertes au public.

Pendant le jour, les agents de l'autorité publique peuvent entrer dans le domicile d'un citoyen contre son gré ; mais ils ne le peuvent en principe qu'en vertu de la décision d'une autorité judiciaire.

Tant que subsistera l'article 10 du Code d'instruction criminelle, les agents de l'autorité publique pourront pénétrer dans le domicile des citoyens pour y exécuter les décisions des préfets et du préfet de police agissant comme officiers de police judiciaire.

Ce texte est une violation flagrante du principe de l'inviolabilité du domicile comme de la liberté individuelle.

Liberté de l'enseignement. — *Enseignement primaire.* L'instruction primaire est obligatoire pour les enfants des deux sexes âgés de six à treize ans ; elle peut être donnée soit dans les établissements d'instruction primaire ou secondaire, soit dans les écoles publiques ou libres, soit dans la famille par le père de famille lui-même ou par toute autre personne qu'il aura choisie.

Les lois des 28 mars 1882 et 7 juillet 1904, qui ont maintenu la liberté, ont établi la gratuité, l'obligation, la neutralité et la laïcité de l'enseignement primaire.

La loi de 1882 prohibe l'enseignement religieux à l'intérieur de l'école. L'article 2 porte, en effet : les écoles primaires publiques vaqueront un jour par semaine, en dehors du dimanche, afin de permettre aux parents de faire donner, s'ils le désirent, à leurs enfants, l'instruction religieuse en dehors des édifices scolaires. L'enseignement religieux est facultatif dans les écoles privées.

La loi du 7 juillet 1904 interdit l'enseignement aux congrégations même autorisées. Il ne peut donc plus être ouvert d'écoles congréganistes,

Celles qui existent doivent être supprimées dans un délai de dix ans.

Cette loi constitue une atteinte à la liberté d'enseignement. Elle enlève le droit d'enseigner à des associations reconnues comme congrégations enseignantes. C'est donc au droit d'association qu'on porte atteinte, mais dans le but avoué d'atteindre par là certains individus citoyens français dont les opinions et les croyances ne plaisent pas au parti qui est au pouvoir.

Enseignement secondaire. Il se donne dans les lycées ou collèges. Il comprend l'étude des langues étrangères anciennes ou modernes. Il a pour sanction ordinaire le baccalauréat.

La loi fondamentale en matière d'enseignement secondaire des garçons est encore aujourd'hui la loi Falloux, du 15 mars 1850 (M. de Falloux qui présenta le projet de loi était ministre de l'instruction publique du prince Louis-Napoléon, Président de la République).

Aux termes de l'article 60, tout français âgé de 25 ans au moins et n'ayant encouru aucune des incapacités déterminées par la loi et résultant de certaines condamnations pénales peut former un établissement d'instruction secondaire sous la condition de faire au recteur de l'Académie les déclarations… et de déposer entre ses mains :

1° Un certificat de stage constatant qu'il a rempli pendant cinq ans la fonction de professeur ou de surveillant dans un établissement d'instruction secondaire public ou libre.

2° Soit le diplôme de bachelier, soit un brevet de capacité délivré dans des conditions déterminées par la loi…

Aucune condition spéciale de grade ni d'aptitude pédagogique n'est exigée des maîtres enseignant dans un établissement libre d'enseignement secondaire.

La loi Falloux consacrait véritablement la liberté. Depuis plusieurs années, une fraction importante du parti républicain demande son abrogation.

L'enseignement secondaire public des jeunes filles a été créé par la loi du 21 décembre 1880. Les lycées et collèges de jeunes filles sont placés sous l'autorité des recteurs et inspecteurs d'Académie.

Enseignement supérieur. Il est libre depuis la loi du 12 juillet 1875, encore en vigueur pour la plus grande partie de ses dispositions.

La question importante de la collation des grades fut résolue par la création des jurys mixtes, composés par égale partie de professeurs de l'enseignement public et de professeurs de l'enseignement libre, sous la présidence d'un professeur de l'enseignement public. Les jurys mixtes ont été supprimés par la loi du 18 mars 1880.

Cette suppression ne peut pas être considérée comme une atteinte à la liberté de l'enseignement supérieur. En effet, l'Etat conférant les grades, il est logique que la constatation de la capacité requise pour obtenir la délivrance d'un diplôme appartienne exclusivement aux professeurs des Facultés de l'Etat.

Les établissements d'enseignement supérieur ouverts conformément aux prescriptions de la loi de 1875 par des associations sont autorisés à prendre le nom de *Facultés libres*, à la condition de comprendre, au minimum, le même nombre de professeurs pourvus du grade de docteur que les Facultés de l'Etat qui comptent le moins de chaires pour le même ordre d'enseignement.

La France possède actuellement la liberté d'enseignement à tous ses degrés ; toutefois, le droit de diriger un établissement d'enseignement n'est reconnu qu'aux citoyens français.

Conseil supérieur d'instruction publique. La loi du 27 février 1880 en a fait la représentation de toutes les parties du corps enseignant.

Il se compose de 57 membres, y compris le ministre qui le préside. Quarante-trois membres sont élus par l'Institut et par les membres de l'enseignement. Treize membres sont nommés pour quatre ans et par décret. Il se réunit deux fois par an.

Ses attributions administratives consistent à donner des avis sur les mesures d'ordre général : tarifs, programmes, règlements disciplinaires.

En matière disciplinaire, c'est sur son avis conforme que le ministre prononce la mutation pour un emploi inférieur contre un professeur de l'enseignement supérieur.

En matière contentieuse, il est une juridiction d'appel. Il reçoit les pourvois de tous les jugements des conseils d'Université et des conseils académiques.

Ses décisions sont rendues en dernier ressort ; mais la cassation peut être demandée au Conseil d'Etat par le recours pour excès de pouvoir.

Liberté de la presse. — L'article 1er de la loi du 29 juillet 1881 est ainsi conçu : l'imprimerie et la librairie sont libres. Toutefois l'imprimeur doit :

1° Indiquer son nom et son domicile sur tout imprimé destiné à être rendu public.

2° En opérer le dépôt au moment de la publication.

L'article 1er de la loi de 1881 a débarrassé la librairie de toutes les entraves qui étaient mises à son exploitation, concurremment à celle de l'imprimerie.

Presse périodique. Aux termes de la loi du 29 juillet 1881, tout journal ou écrit périodique peut être publié sans autorisation préalable et sans dépôt de cautionnement après la déclaration prescrite par l'article 7.

De même, il n'est plus besoin de signer les articles politiques, philosophiques ou religieux, et il n'est plus défendu aux personnes privées de leurs droits civils et politiques de publier des articles signés de leur nom.

Le droit de fonder un journal appartient aux femmes, aux mineurs, aux interdits, aux faillis non réhabilités, aux individus privés de leurs droits politiques, aux étrangers.

Gérant. Tout journal ou écrit politique doit avoir un gérant ; cela, afin d'assurer la répression des délits qui peuvent se commettre par la voie de la presse.

Quoique la loi ne lui ait imposé aucune part de surveillance ou de coopération à l'administration du journal, il est considéré par la loi de 1881 comme l'auteur principal des délits de presse, alors que l'écrivain, auteur réel de ce délit, n'est regardé que comme son complice.

Le gérant doit être Français, majeur, avoir la jouissance de ses droits civils, et n'être privé de ses droits civiques par aucune condamnation judiciaire.

Un étranger ne peut être gérant ; ni un interdit pour cause de démence ; ni une femme mariée ; ni le failli non réhabilité. Mais les femmes maîtresses de leurs droits, filles majeures, veuves, femmes séparées de corps, peuvent exercer la gérance.

Déclaration au parquet. Avant la publication de tout journal ou écrit périodique, le gérant doit faire une *déclaration* au parquet du procureur de la République de l'arrondissement où l'écrit périodique doit paraître. La déclaration doit indiquer le titre complet du journal, le mode de publication ainsi que le nom et la demeure du gérant. Cette mention a pour but d'indiquer au parquet une personne responsable des délits qui pourront être commis par la voie du journal.

Le lieu de publication d'un journal, qui est celui où la déclaration doit être faite, est celui où se trouve la direction de ce journal, et non celui du domicile du gérant ou de l'imprimerie.

La déclaration doit contenir l'indication de l'imprimerie où le journal doit être imprimé.

Toute mutation dans les conditions énumérées par l'article 7 devra être déclarée dans les cinq jours qui suivront.

Les déclarations seront faites par écrit, sur papier timbré et signées des gérants. Les mêmes formalités s'appliqueront aux mutations.

Récépissé de la déclaration ou de l'avis de mutation doit être délivré, dès réception, par le procureur de la République, qui n'a pas à juger sur le moment de l'irrégularité ou de l'inexactitude du document qui lui est fourni.

Le propriétaire et le gérant sont solidairement responsables du paiement de l'amende encourue pour défaut de déclaration ; ce n'est qu'à leur défaut que l'imprimeur pourra être poursuivi.

Dépôt légal. Au moment de la publication de chaque feuille ou livraison du journal ou écrit périodique, il sera remis au parquet du procureur de la République ou à la mairie, dans les villes où il n'y a pas de tribunal de première instance, deux exemplaires signés du gérant.

Pareil dépôt sera fait au ministère de l'intérieur pour Paris et le département de la Seine, et pour les autres départements, à la préfecture, à la sous-préfecture, ou à la mairie dans les villes qui ne sont ni chefs-lieux de département ni chefs-lieux d'arrondissement.

Le dépôt devra être signé de la main du gérant ou d'un des gérants.

Journaux étrangers. Aux termes de l'article 14 de la loi du 29 juillet 1881, la circulation en France des journaux ou écrits périodiques publiés à l'étranger ne pourra être interdite que par une décision spéciale délibérée en conseil des ministres.

L'interdiction est portée à la connaissance du public par arrêté du ministre de l'intérieur, inséré au *Journal officiel.* La circulation d'un numéro peut être interdite par une décision du ministre de l'intérieur.

La mise en vente ou la distribution faite sciemment au mépris de l'interdiction sera punie d'une amende de 50 à 500 francs ; l'infraction est de la compétence du tribunal correctionnel. Il y aura autant de contraventions qu'il y aura de numéros différents du même journal distribués ou vendus.

Le conseil des ministres ne pourrait prendre une mesure générale d'interdiction des journaux étrangers ; l'article 15 de la loi de 1881 ne lui accorde que le droit d'interdire, par délibération spéciale, un journal déterminé.

Rectifications. Le gérant est tenu d'insérer gratuitement en tête du prochain numéro du journal ou écrit périodique toutes les rectifications qui lui seront adressées par un dépositaire de l'autorité publique, au sujet des actes de sa fonction qui auront été inexactement rapportés par ledit journal ou écrit périodique.

Tous les dépositaires de l'autorité publique, à quelque degré qu'ils se trouvent placés, ont le droit de rectification.

La rectification ne devra pas excéder le double de l'article ou du passage de l'article qui lui a donné lieu de se produire.

Le gérant sera libre d'employer tels caractères qu'il voudra, l'insertion de la rectification en tête de la première page offrant au réclamant une suffisante garantie de publicité.

Si l'insertion n'a pas été faite, sauf impossibilité matérielle, dans le plus prochain numéro, il y aura contravention punie de peines correctionnelles.

Droit de réponse. Le gérant sera tenu d'insérer, dans les trois jours de leur réception, ou dans le plus prochain numéro, s'il n'en était pas publié avant l'expiration des trois jours, les réponses de toute personne nommée ou désignée dans le journal ou écrit périodique, sous peine d'une amende de 50 à 500 francs.

Cette insertion devra être faite à la même place et en mêmes caractères que l'article qui l'aura provoquée.

Elle sera gratuite, lorsque les réponses ne dépasseront pas le double de la longueur dudit article. Si elles le dépassent, le prix d'insertion sera

dû pour le surplus seulement. Il sera calculé au prix des annonces judiciaires.

Le droit de réponse appartient sans restriction à toute personne nommée ou désignée dans un article.

Au cas où des imputations injurieuses ou diffamatoires seraient dirigées contre la mémoire du défunt, les héritiers auraient toujours le droit de réponse, alors même qu'ils n'auraient été ni nommés, ni désignés personnellement ; cela indépendamment du droit d'action qui leur appartiendrait contre les auteurs des diffamations ou injures, mais seulement dans le cas où ceux-ci auraient eu l'intention de les atteindre personnellement en la personne du défunt.

Dans le silence de la loi, c'est la prescription de trente ans qui sera applicable.

Il existe une restriction au droit de réponse absolu qu'à toute personne nommée ou désignée dans les journaux et écrits périodiques : rien de ce qui paraît dans la partie officielle du *Journal officiel* ne peut donner lieu à l'exercice du droit de réponse.

Cette disposition ne s'applique pas aux comptes rendus des séances des conseils généraux ou municipaux.

La Cour de cassation considère la réponse à insérer comme indivisible.

Délits réprimés par les lois sur la presse. (LL. *1881 et 1894*). Ce sont : les provocations aux crimes et délits ; délits contre la chose publique ; délits contre les particuliers ; délits contre les chefs d'État et les diplomates étrangers ; publications interdites.

I. *Provocations.* Cela comprend :

a) Toute indication aux crimes et délits quels qu'ils soient si la provocation a été suivie d'effet. La provocation n'est punie que comme acte de complicité ; et il n'y a complicité que s'il y a fait principal.

b) La provocation au meurtre, pillage, incendie, même non suivie d'effet. Une loi du 12 décembre 1893 ajoute à ces crimes le vol.

c) La provocation, même non suivie d'effet, aux crimes contre la sûreté de l'État, et celle qui est adressée aux militaires pour les détourner de leurs devoirs.

La loi du 12 décembre 1893 et la loi du 28 juillet 1894, sur les menées anarchistes, ajoutent à la provocation aux crimes et délits spécialement énumérés l'*apologie* des mêmes faits.

II. *Délits contre la chose publique.* Cela comprend l'outrage aux bonnes mœurs, l'offense au Président de la République et la publication ou reproduction de fausses nouvelles.

III. *Délits contre les particuliers.* C'est la réglementation actuelle de la répression en matière de diffamation et d'injure.

La loi du 17 mai 1819 a établi, dans une définition très précise, que la loi du 29 juillet 1881 a simplement répétée, la différence essentielle entre la diffamation et l'injure.

La *diffamation* est toute allégation ou imputation d'un fait (vrai ou faux) qui porte atteinte à l'honneur ou à la considération de la personne ou du corps auquel le fait est imputé.

L'*injure* est toute expression outrageante, terme de mépris ou invective, qui ne renferme l'imputation d'aucun fait déterminé.

L'élément de gravité prédominant de l'injure et de la diffamation consiste dans la *publicité.* C'est ce qui explique comment ces deux délits ont été prévus et définis dans les lois relatives à la presse et aux autres moyens de publication.

IV. *Délits contre les chefs d'État et les diplomates étrangers.* A l'égard du chef de l'État, de la personne des souverains ou chefs des gouvernements étrangers, les lois sur la presse ne parlent pas d'injure ou de diffamation ; elles se servent, sans la définir, de l'expression *offense,* expression qui comprend non seulement l'injure et la diffamation, mais encore tous les autres faits inju-

terminés qui, à l'appréciation du juge, peuvent être considérés comme offensants.

Enfin, lorsqu'un fait rentre dans les prévisions des articles 222 et suivants du Code pénal, bien qu'il puisse contenir une diffamation ou une injure proprement dite, il est qualifié *outrage* par la loi.

Ce qui caractérise l'outrage, c'est qu'il est adressé soit à un magistrat de l'ordre administratif ou judiciaire, soit à un juré, soit à un officier ministériel ou agent dépositaire de la force publique, ou même à un citoyen chargé d'un ministère de service public, *dans l'exercice ou à l'occasion de l'exercice de ses fonctions.* L'outrage peut se commettre par faits, paroles, gestes ou menaces. La publicité n'est point requise, à titre d'élément essentiel du délit

Pour savoir si les injures, diffamation, offenses et outrages peuvent être poursuivis d'office, il faut distinguer :

a) En ce qui concerne les *diffamations* ou les *injures publiques* contre les particuliers, l'action n'est ouverte au ministère public que sur la plainte de la partie qui se prétend lésée : la répression de ces infractions intéresse principalement ceux qui ont été offensés. La personne lésée, bien qu'elle soit victime d'une médisance ou d'une calomnie, peut avoir intérêt à éviter le scandale d'un procès.

b) En ce qui concerne les *diffamations* et *injures* envers les Cours, tribunaux ou autres corps constitués, c'est-à-dire des corps dont l'existence est permanente et dont les membres se réunissent pour délibérer, ces délits ne peuvent être poursuivis que sur la délibération de ces corps administratifs ou judiciaires, prise en assemblée générale et requérant des poursuites, ou si le corps n'a pas d'assemblée générale, sur la plainte du chef du corps, ou du ministre duquel ce corps relève.

c) La loi du 29 juillet 1881 permet au ministère public de poursuivre les injures et les diffamations dirigées contre tous dépositaires ou agents de l'autorité publique, soit sur la plainte de la partie offensée, soit d'office, sur la demande adressée au ministre de la justice par le ministre dans le département duquel se trouve le fonctionnaire diffamé ou injurié.

d) En cas d'offense envers la personne des souverains ou chefs des gouvernements étrangers, ou d'outrages envers les agents diplomatiques étrangers, la poursuite aura lieu soit à leur requête, soit d'office, sur leur demande adressée au ministre des affaires étrangères et par celui-ci au ministre de la justice. — La loi du 16 mars 1893 a rétabli pour ces délits la compétence des tribunaux correctionnels.

V. *Publications interdites.* Il est interdit de publier par la voie de la presse les actes d'accusation et tous autres actes de procédure criminelle ou correctionnelle avant qu'ils aient été lus en audience publique.

Il est également défendu d'ouvrir et d'annoncer publiquement une souscription ayant pour objet d'indemniser des amendes, frais et dommages-intérêts prononcés par des condamnations judiciaires.

Procédure. Sont poursuivis, en première ligne, les gérants ou éditeurs.

A leur défaut, les auteurs.

A défaut des auteurs, les imprimeurs.

A défaut des imprimeurs, les vendeurs, distributeurs, afficheurs.

Les délits de presse, étant des délits d'opinion, sont attribués à la cour d'assises. Toutefois, la loi du 28 juillet 1894 enlève au jury la connaissance des délits de propagande anarchiste. D'une manière générale, elle fait de la propagande anarchiste un délit de la compétence des tribunaux correctionnels.

Le ministère public et la partie civile ont le droit, soit de saisir le juge d'instruction, soit de poursuivre, sans décision de renvoi, par citation directe.

L'action civile, résultant des délits de diffamation envers les personnes publiques, à l'occasion desquels il est permis de faire la preuve de la vérité des faits diffamatoires, ne peut pas être poursuivie séparément de l'action publique.

Prescription. L'action publique et l'action civile, résultant des crimes, délits et contraventions prévus par la loi sur la presse du 29 juillet 1881, se prescrivent après trois mois révolus, à compter du jour où ils ont été commis, ou du dernier acte de poursuite s'il en a été fait.

Pétition. — L'exercice du droit de pétition a été admis par l'Assemblée nationale de 1873, qui le réglementa, en détail, dans les articles 90 à 95 de son règlement. Il a été consacré par l'article 6 de la loi du 22 juillet 1879 qui dispose : « Toute pétition à l'une ou à l'autre des Chambres ne peut être faite et présentée que par écrit. Il est interdit d'en apporter en personne à la barre. »

Exercé dans une fin particulière, le droit de pétition est un *droit public*, c'est-à-dire l'un de ces droits qui assurent à leur titulaire l'exercice de ses facultés ou la jouissance de ses prérogatives individuelles. Il est reconnu aux Français non électeurs, aux femmes, aux mineurs, aux divers incapables du droit politique aussi bien que du droit civil.

Exercé dans une fin générale, c'est un *droit politique*, c'est-à-dire l'un de ces droits qui assurent à leurs titulaires une participation à la puissance publique Il est refusé à l'étranger dont la pétition porte sur une mesure législative intéressant seulement l'ordre politique et intérieur de la France.

Réglementation. Le droit de pétition décline de jour en jour, supplanté et presque annihilé par la liberté de la presse.

Une pétition apportée ou transmise par un rassemblement formé sur la voie publique ne peut être reçue par le président, ni déposée sur le bureau. De même, il est interdit de présenter verbalement ou d'apporter par écrit à la barre des Chambres à Paris aucune pétition et de provoquer de quelque manière que ce soit à la violation de cette défense.

Les pétitions doivent être, en principe, adressées au président du Sénat ou au président de la Chambre des députés. Cependant elles peuvent être également déposées entre les mains d'un des secrétaires par un sénateur ou par un député, qui fait en marge mention du dépôt et signe cette mention

Recevabilité. Les pétitions individuelles ou collectives doivent être signées ou légalisées. Hors le cas de refus de légalisation, une pétition n'a pas de valeur si les signatures n'en sont pas légalisées et si la légalisation n'est pas donnée directement pour toutes les signatures, il n'entre en compte que les signatures légalisées ; sont interdites les pétitions en nom collectif émanant de corps constitués.

Procédure d'examen et solution des pétitions. L'observation des règles ci-dessus détermine la transmission du document à la Commission désignée par la Chambre pour être saisie des pétitions. Alors intervient une 3e série de règles relatives, d'une part, au mode suivant lequel les pétitions sont amenées à l'état de rapport ; d'autre part, au droit des Chambres quant aux conclusions du rapport et à l'objet de la pétition.

Mode suivant lequel les pétitions sont amenées à l'état de rapport. Les pétitions, dans l'ordre de leur arrivée, sont inscrites sur un rôle général contenant le numéro d'ordre de la pétition, le nom et la demeure du pétitionnaire, ainsi que l'indication sommaire de l'objet de sa demande, et, lorsqu'elle n'aura pas été adressée au président, le nom du député qui l'aura déposée. Ce rôle est imprimé et distribué à la Chambre.

Les pétitions inscrites sur le rôle sont renvoyées à la Commission (de onze membres) nommée chaque mois dans les bureaux pour l'examen des pétitions. Néanmoins, celles qui sont relatives à une proposition actuellement soumise à l'examen d'une Commission spéciale sont directement renvoyées à cette Commission par le président de la Chambre. Ce renvoi peut également être ordonné par la Commission des pétitions.

La Commission après examen range les pétitions en trois catégories :

1° Celles qu'elle propose de renvoyer aux ministres.

2° Celles qu'elle juge devoir être, indépendamment de ce renvoi, soumises à l'examen de la Chambre.

3° Celles qu'elle ne juge pas devoir être utilement soumises à cet examen.

Le bureau de l'expédition des lois et procès-verbaux donne avis au pétitionnaire de la résolution adoptée à l'égard de sa pétition, et du numéro d'ordre qui lui est donné.

Un feuilleton, distribué chaque semaine, s'il y a lieu, aux membres de la Chambre et tous les mois seulement à ceux du Sénat, mentionne le nom et le domicile du pétitionnaire, l'indication sommaire de l'objet de la pétition, le nom du rapporteur, enfin la résolution adoptée par la Commission, avec le résumé succinct de ses motifs.

Les rapports de pétitions ne sont en principe insérés qu'au feuilleton ; ils ne sont, à la différence des rapports sur les projets ou propositions de lois, ni déposés sur les bureaux, ni imprimés. Cependant les assemblées ont quelquefois autorisé le dépôt sur le bureau, l'impression et la distribution séparée de rapports de pétitions, lorsque celles-ci avaient un intérêt exceptionnel.

Tout membre des assemblées, dans le mois de la distribution du feuilleton, peut demander le rapport en séance publique d'une pétition, quel que soit le classement que la Commission lui ait assigné.

Un mois après la distribution du feuilleton, les résolutions de la Commission deviennent définitives à l'égard de toutes les pétitions qui ne doivent pas être l'objet d'un rapport public. Elles sont, en cet état, mentionnées au *Journal officiel*.

Aux termes du règlement de chaque Chambre, la Commission rapporte les pétitions en *séance publique*.

Droits des Chambres quant aux conclusions du rapport et à l'objet de la pétition. Les pétitions ne sont pas généralement lues à la tribune ; le rapport indique seulement leur objet et les conclusions de la Commission et même éventuellement les considérants dont la Commission peut faire précéder ses conclusions et qu'elle désire soumettre au vote de la Chambre. Pour certaines d'entre elles prises en bloc, la question préalable peut être demandée avant tout rapport : l'art. 90 du règlement de la Chambre donne toujours, en effet, la priorité à la question préalable. A l'inverse, la priorité ou l'urgence peut être demandée pour l'examen d'une pétition.

Lorsque la résolution prise par la Chambre, d'après les conclusions de sa Commission ou sur la proposition de l'un de ses membres, comporte renvoi de la pétition à un ministre compétent, elle est notifiée par le président de l'assemblée audit ministre, lequel doit, dans le délai de six mois, faire connaître, par une mention portée au feuilleton distribué aux membres de la Chambre, la suite qu'il a donnée à la pétition renvoyée.

La Chambre des députés et le Sénat, saisis de pétition, n'ont pas le droit d'empêcher ou d'annuler les effets de l'acte attaqué par une pétition. En conséquence, les commissions des pétitions, chargées d'examiner les griefs privés et publics portés à la connaissance de la Chambre par les réclamations des intéressés, ne peuvent que prononcer le renvoi au ministre compétent ou demander à la Chambre de le prononcer.

Protection des administrés contre les abus d'autorité des fonctionnaires. — Une indemnité est due toutes les fois qu'un préjudice a été causé contrairement à l'équité, c'est-à-dire : 1° lorsque le préjudice résulte d'une faute de l'agent ; 2° lorsqu'il y a enrichissement sans cause. Ainsi, en cas d'expropriation pour cause d'utilité publique, une indemnité est due ; 3° lorsque la victime supporte un préjudice que les autres individus ne sont pas appelés à supporter : une maison riveraine est mise en contrebas par le percement d'une rue.

Les agents du service public sont responsables au cas de faute grave. C'est le tribunal des conflits qui détermine le caractère de gravité requis pour qu'il y ait faute personnelle, se détachant de l'acte administratif.

L'action en responsabilité personnelle contre les agents du service public doit toujours être portée devant les tribunaux judiciaires. Le fait qui rend l'agent responsable personnellement envers la victime doit être considéré comme n'étant pas un acte administratif, bien qu'il ait été accompli dans l'exercice des fonctions.

Pour les magistrats judiciaires, la procédure est la *prise à partie*.

Pour les autres agents du service public, y compris les ministres, la poursuite est libre devant les tribunaux judiciaires.

Aux termes de l'article 75 de la Constitution de l'an VIII, il fallait demander une autorisation au Conseil d'Etat.

S'il l'accordait, on allait devant les tribunaux judiciaires. Un décret-loi du 19 septembre 1870 a décidé que l'autorisation du Conseil d'Etat ne serait plus nécessaire. On peut donc aujourd'hui, sans aucune autorisation, poursuivre les fonctionnaires en responsabilité devant les tribunaux de l'ordre judiciaire ; mais si l'administration estime que l'acte à raison duquel la poursuite est intentée était un acte de service et non une faute personnelle, elle peut contester la compétence de l'autorité judiciaire et soulever le conflit.

Responsabilité des ministres. Les ministres, comme les autres fonctionnaires, ne sont responsables que de leurs fautes personnelles, et c'est devant les tribunaux judiciaires que cette responsabilité, fondée sur l'article 1382 du Code civil, peut être mise en jeu.

Toutefois, il est évident que si les tribunaux judiciaires reconnaissaient, dans le fait incriminé, un acte administratif constituant tout au plus une faute de service, ils devraient se déclarer incompétents ou pourraient être dessaisis par un arrêté de conflit.

Lorsqu'un individu se prétend lésé par le fait d'un fonctionnaire, il le cite devant le tribunal judiciaire. Si l'autorité administrative n'élève pas le conflit, elle reconnaît qu'il y a faute personnelle du fonctionnaire et le tribunal judiciaire apprécie en pleine liberté si et dans quelle mesure ce fait personnel peut entraîner la responsabilité.

Si, au contraire, l'autorité administrative élève le conflit, le tribunal des conflits est appelé à juger si le fait reproché au fonctionnaire est un fait personnel détachable de l'acte administratif. S'il juge que non, il confirme l'arrêté de conflit et le tribunal judiciaire est dessaisi. S'il juge que oui, il annule l'arrêté de conflit, et le tribunal judiciaire apprécie en toute liberté le fait personnel et ses conséquences au point de vue de la responsabilité du fonctionnaire.

Patrimonialité des charges. Dans notre ancien droit, elles avaient d'abord été personnelles, puis elles devinrent successivement vénales et héréditaires.

La loi du 28 avril 1816 accorda aux titulaires des charges de notaire, avoué, greffier, huissier... le droit de présenter leur successeur à l'agrément du chef de l'Etat. Ces officiers sont nommés sur la présentation de leur prédécesseur, auquel ils paient un prix proportionnel aux profits que l'office procure.

Fonctions électives. Sont élus les juges consulaires, les conseillers prud'hommes, les conseillers généraux et municipaux, les maires, excepté à Paris.

Nomination. En principe, c'est au chef de l'Etat qu'appartient le droit de nommer à tous les emplois civils et militaires. Les ministres et les préfets sont investis par la loi du droit de nommer un certain nombre d'agents.

Même quand le chef de l'Etat exerce son droit de nomination, il doit se conformer aux règles du parlementarisme.

Retrait des fonctions publiques. Le retrait injustifié d'une fonction qui ne comporte que des actes de gestion engage la responsabilité de l'Etat.

Il y a des fonctionnaires qui ne sont pas révocables, ou qui ne sont révocables qu'à certaines conditions : juges, professeurs...

Il y a des fonctionnaires qui sont révocables par des autorités qui ne sont pas chargées de les nommer : maires, gardes champêtres...

Recours hiérarchique. — La hiérarchie et le contrôle ne s'appliquent qu'aux agents qui font des actes juridiques : préfets, maires. Les agents qui ne font pas des actes juridiques, cantonnier, facteur, ne sont soumis qu'à la surveillance.

Le pouvoir hiérarchique est le pouvoir de suspendre, d'annuler ou de réformer l'acte juridique. Ce pouvoir n'existe que vis-à-vis des agents centralisés ; par exemple les ministres ont le pouvoir hiérarchique sur les actes juridiques accomplis par les préfets.

Tous les agents centralisés sont soumis au pouvoir hiérarchique.

Les chefs hiérarchiques supérieurs sont les ministres.

Les supérieurs hiérarchiques ont le pouvoir de suspendre, d'annuler ou de réformer, *pour tous motifs*, non seulement parce que l'acte juridique du subordonné est illégal (motifs de droit), mais encore parce que l'acte est inopportun (motifs de fait).

Le contrôle administratif ou la tutelle administrative n'existe que vis-à-vis des agents décentralisés. Exemple : contrôle exercé par le Président de la République sur les actes juridiques des conseils municipaux.

Le contrôle administratif ou tutelle administrative est moins énergique que le pouvoir hiérarchique : en effet, il s'exerce vis-à-vis d'agents décentralisés, c'est-à-dire d'agents que l'on a voulu faire indépendants. Il comprend trois pouvoirs :

a) Le pouvoir de refuser d'approuver une décision.

b) Le pouvoir de suspendre ou d'annuler un acte juridique.

c) Le pouvoir de faire l'acte juridique à la place de l'agent soumis au contrôle ou à la tutelle, si celui-ci refuse d'agir.

La tendance actuelle est que l'exercice du pouvoir de contrôle administratif de tutelle administrative n'ait lieu qu'en cas d'illégalité de l'acte juridique. Ainsi, les décisions définitives du conseil général ne peuvent être annulées par le Président de la République que pour illégalité.

D'ailleurs, il subsiste encore un grand nombre de cas dans lesquels l'inopportunité de l'acte permet l'exercice du pouvoir de contrôle. Par exemple les décisions du conseil général peuvent être suspendues par le Président de la République pour simple inopportunité. Ces décisions sont dites soumises à suspension.

Le contrôle administratif ou tutelle administrative s'exerce très souvent avec des formes protectrices de l'indépendance des agents centralisés. Ainsi les décisions du conseil général ne peuvent être annulées par le Président de la République qu'après avis du Conseil d'Etat : elles ne peuvent être suspendues que par décret motivé.

Recours pour excès de pouvoir. Le pouvoir hiérarchique et le contrôle administratif n'offrent pas toutes les garanties aux administrés. En effet:

1° Il n'est pas sûr que les agents supérieurs exercent leur pouvoir. Les particuliers ne peuvent pas, en principe, les contraindre à contrôler les actes juridiques des agents inférieurs.

2° Le pouvoir hiérarchique, le contrôle administratif sont exercés par des agents le plus souvent inféodés à des partis politiques : préfets, ministres.

Il est donc à craindre que le contrôle soit mal exercé. Aussi faut-il reconnaître aux particuliers le pouvoir de critiquer eux-mêmes ces actes et de les critiquer devant un juge qui sera tenu de répondre. C'est le contrôle juridictionnel, qui s'exerce sous la forme du *recours pour excès de pouvoir.*

Le recours pour excès de pouvoir se distingue à deux points de vue de la réclamation hiérarchique :

1° Le supérieur hiérarchique peut garder le silence. — Sur le recours pour excès de pouvoir, le Conseil d'Etat est obligé de répondre.

2° La réclamation hiérarchique est portée devant un administrateur qui n'offre de garanties ni de connaissances juridiques, ni surtout d'impartialité. — Le recours pour excès de pouvoir est porté devant un juge impartial, le Conseil d'Etat.

Pour que le recours soit recevable, il faut :

a) Qu'il s'agisse d'un acte de l'autorité administrative, ce qui exclut les actes législatifs, les actes d'autorité judiciaire, ou les actes faits par les administrateurs en leur qualité d'officiers de police judiciaire.

b) Que celui qui réclame l'annulation de l'acte y ait un intérêt. Mais il n'est pas nécessaire d'avoir un droit violé. L'intérêt requis peut être un simple intérêt moral. Ainsi, une association professionnelle de fonctionnaires a qualité pour attaquer des nominations ou révocations illégales.

3° Qu'il n'ait pas à sa disposition un autre recours direct lui permettant d'obtenir satisfaction complète (théorie de la fin de non-recevoir tirée de l'existence d'un recours parallèle). S'agit-il, par exemple, d'un impôt pour lequel le réclamant se dit indûment inscrit aux rôles. il a l'action en décharge ou en réduction devant le conseil de préfecture.

4° Que la demande soit introduite dans les deux mois à compter de la *publication* de l'acte attaqué, s'il s'agit d'un acte général, ou de la *signification* s'il s'agit d'un acte individuel.

Les conditions d'annulation sont :

a) L'incompétence, c'est-à-dire le défaut d'aptitude légale à accomplir l'acte déterminé. L'incompétence peut être *ratione materiæ* ou *ratione loci.* Dans tous les cas, elle est d'ordre public ; elle peut être proposée d'office par le Conseil d'Etat, alors même que les parties ne l'auraient pas invoquée.

b) Le vice de forme. Il équivaut à l'incompétence, puisque les formes substantielles exigées pour l'accomplissement des actes sont en somme des limitations à la compétence administrative.

c) La violation de la loi et des droits acquis. Le demandeur prétend obtenir une annulation valable *erga omnes.*

L'instance ne comporte pas de défendeur. Le défendeur naturel de l'acte, celui qui répond au réclamant, c'est le ministre qui a dans ses attributions le service duquel l'acte émane.

Le Conseil d'Etat prononce, si le pourvoi est fondé, l'annulation totale ou partielle de l'acte attaqué.

L'annulation est rétroactive. Les actes accomplis antérieurement, en conséquence de l'acte annulé, sont des actes illégaux.

Séparation des autorités administrative et judiciaire. — Dans notre ancien droit, les corps judiciaires étaient menacés dans leur indépendance par les empiètements des administrateurs, notamment par les pouvoirs exorbitants des intendants.

C'est en vue d'éviter ces abus qu'on inscrivit dans les lois de 1790 et de 1791 et qu'on renouvela dans le Code pénal l'affirmation du principe de la séparation des autorités administrative et judiciaire.

Ce principe a pour sanctions le recours pour excès de pouvoir devant le Conseil d'Etat et le recours en cassation.

Par le premier, on peut obtenir l'annulation d'une décision administrative qui empiéterait sur les attributions de l'autorité judiciaire.

Par le second, on peut obtenir la cassation d'une décision de justice qui empiéterait sur les attributions de l'administration.

Le même principe a pour régulateur le tribunal des conflits.

Les tribunaux judiciaires, sauf exception, ne peuvent pas connaître des litiges que font naître les ordres des administrateurs.

Les *actes de gestion* que font les administrateurs n'échappent pas à la compétence des tribunaux judiciaires. Il ne faut pas, au contraire, que ces tribunaux aient à juger les *actes de puissance publique* et puissent ainsi mettre leur autorité propre au-dessus de celle des administrateurs.

Lorsqu'un acte d'autorité soulève une contestation, on reconnaît au Conseil d'Etat un pouvoir de juridiction propre, en vertu du système de la *justice déléguée* (L. 24 mai 1872, sur le Conseil d'Etat).

Avant la loi de 1872, le contrôle des actes d'autorité faits par les administrateurs appartenait à leurs supérieurs hiérarchiques, et le chef de l'Etat, maître de toute l'administration, était ainsi juge suprême des litiges occasionnés par ses actes. Pour trancher ces litiges, il s'éclairait de l'avis du Conseil d'Etat. La loi de 1872 a reconnu au Conseil d'Etat un pouvoir de juridiction propre, en adoptant le système de la *justice déléguée*.

Toutefois, l'autorité judiciaire est compétente pour juger les *infractions aux règlements légalement faits*. Aux termes de l'article 471-15° du Code pénal sont punis d'une amende de un franc à cinq francs ceux qui ont contrevenu aux règlements légalement faits par l'autorité administrative.

Ce texte figure au chapitre consacré aux contraventions de police. C'est aux tribunaux de police de l'appliquer.

L'explication de cette exception réside dans ce fait qu'à la différence des actes particuliers, les règlements de police ont une sanction pénale, laquelle est confiée aux tribunaux de l'ordre judiciaire.

Si les tribunaux de simple police sont compétents pour connaître des contraventions aux règlements administratifs et peuvent se refuser à l'application de ces règlements lorsqu'ils les croient illégaux, ils n'ont pas le droit, dans le même cas, d'annuler lesdits règlements.

L'annulation des règlements pris en violation de la loi peut être demandée au Conseil d'Etat par le recours pour excès de pouvoir.